Best friends
베스트 프렌즈 시리즈 3

베스트 프렌즈
코타키나발루

김준현 지음

중앙books

저자 소개

김준현

다른 나라에서의 삶, 그리고 여행과 관련한 모든 것들을 체험하고 뜯어보고 분석하는 일을 좋아한다. KAIST에서 산업경영을 전공하고 소프트웨어 벤처기업에서 근무했으며, 대학원에서는 사회복지학을 전공했다. 저서로는 《프렌즈 말레이시아》, 《라오스 100배 즐기기》, 《앙코르와트 100배 즐기기》, 《발리 홀리데이》 등이 있다.

인스타그램 @joonhyun_kim
이메일 way4us@gmail.com

일러두기

지역 소개 및 구성상의 특징

이 책은 말레이시아 코타키나발루의 관광, 식당, 쇼핑, 엔터테인먼트 명소와 숙소를 소개합니다. 관광 명소는 4개의 지역(워터프런트, 툰구 압둘 라만 해양공원, 가야 스트리트, 딴중 아루 비치 주변)으로 나누어 소개하고 있으며, 식당은 코타키나발루의 지역적 특색을 잘 느낄 수 있는 요리들을 6개의 테마(시푸드, 현지인이 추천하는 맛집, 카야 토스트, 글로벌 푸드, 워터프런트 맛집, 서민형 맛집)로 나누어 소개합니다. 이 뿐만 아니라 베스트 프렌즈 코타키나발루에서는 특급 리조트, 도시형 호텔에서부터 배낭여행자들을 위한 호스텔까지 다양한 유형의 숙소를 소개해 여행의 목적이나 일정에 따라 효율적으로 선택할 수 있습니다.

지도에 사용한 기호

V2 관광	R2 식당	S2 쇼핑	E2 즐길 거리	H2 숙소	공항	기차
버스	페리	케이블카	환전소	비치	교회	ATM
113 도로 번호	관광안내소	우체국	화장실			

CONTENTS 코타키나발루

저자 소개 2 | 일러두기 2

코타키나발루 미리보기

Must Visit Place 코타키나발루 버킷 리스트 6
Best Activity 코타키나발루 추천 액티비티 7 10
Must Eat List 코타키나발루 대표 음식 9 14
Must Drink List 코타키나발루 음료 10 19
Must Buy List ① 주목해야 할 패션 브랜드 20
Must Buy List ② 놓치면 후회할 슈퍼마켓 쇼핑 리스트 22
Question & Answer 코타키나발루 FAQ 11 24

여행 설계

Information 코타키나발루 도시 정보 38
Access 코타키나발루 입국 정보 39
Transportation 코타키나발루 시내 교통 정보 41
Best Course 코타키나발루 추천 여행 일정 43

지역 여행 정보

Attraction 코타키나발루의 볼거리 54
Restaurant 코타키나발루의 식당 84
Dessert & Café 코타키나발루의 디저트 & 카페 97
Shopping 코타키나발루의 쇼핑 102
Entertainment 코타키나발루의 즐길 거리 106
Accomodation 코타키나발루의 숙소 110

코타키나발루 여행 준비 124

인덱스 132

코타키나발루 지도

코타키나발루와 주변 국가들 4 | 코타키나발루 전도 52
워터프런트 지역 53 | 툰쿠 압둘 라만 해양공원 60
가야 스트리트 주변 66 | 딴중 아루 비치 주변 72
키나발루 국립공원 80

Must Visit Place
코타키나발루 버킷 리스트 8

같은 시간 같은 나라를 여행해도 각자의 마음속에 저장하는 풍경은 제각각이다. 세계 최고의 석양이 펼쳐지는 해변에서부터 왁자지껄한 현지인 시장까지, 당신의 코타키나발루 여행을 특별하게 만들어 줄 버킷 리스트를 소개한다.

❶ 툰쿠 압둘 라만 해양공원 Tunku Abdul Rahman Marine Park
시내에서 배를 타고 5분만 나가면 에메랄드빛 바다와 황금빛 해변이 기다리는 섬에 닿을 수 있다. 다섯 개의 섬들이 옹기종기 모여 있는 해양 국립공원이 시내 가까이에 있어 하루에도 서너 개의 섬을 옮겨 다니며 저마다의 특색을 즐길 수 있다는 게 장점! (P.61)

❷ 딴중 아루 비치 Tanjung Aru Beach
섬에 들어가지 않고도 바다를 만날 수 있는 코타키나발루의 대표 해변이다. 서쪽 바다를 향해 펼쳐진 해변이라 코타키나발루에서도 손꼽히는 석양 포인트. 온갖 예쁜 색들은 다 섞은 칵테일 같은 노을을 보기 위해 사람들이 구름처럼 모여든다. 매일 봐도 질리지 않는 노을의 맛! (P.74)

❸ 선데이 마켓 Sunday Market

코타키나발루의 전통 맛집 강호들은 다 모여 있는 가야 스트리트의 색다른 변신이다. 일요일 아침만 되면 자동차가 다니던 도로에 갖가지 물건을 파는 가판대가 빼곡하게 들어선다. 복작복작하면서도 한가로운 주말 시장 특유의 정취를 만끽하며 사람 구경하는 재미가 있다. (P.69)

❹ 시티 모스크 Masjid Bandaraya

'물 위의 모스크'라는 별명으로 더 유명한 시티 모스크. 1만 2천여 명이 한 번에 기도할 수 있는 커다란 모스크 바로 앞에 인공 호수가 있어서, 하늘이 맑은 날이면 모스크의 푸른 돔이 호수에 선명하게 비친다. 말레이시아에서 제일 아름다운 모스크 중 하나로 꼽히는 이유! (P.75)

❺ 오스트레일리아 플레이스 Austraila Place
제2차 세계대전 당시 호주 연합군의 캠프가 있던 지역의 놀라운 변화를 만나 보자. 옛날 인쇄소 건물을 개조한 트렌디한 카페들이 젊은이들의 발길을 사로잡는다. 빡빡한 여행 일정 중에 잠시 쉼표가 필요할 때, 맛있는 커피와 달콤한 디저트를 즐기며 다음 일정을 고민해 보자. (P.71)

❻ 시그널 힐 전망대 Signal Hill
바다 대신 코타키나발루 시내로 지는 석양을 만날 수 있는 장소. 오스트레일리아 플레이스의 바로 위쪽, 야트막한 언덕에 자리 잡은 전망대로 시내가 한눈에 내려다보인다. 더운 한낮보다는 이른 아침이나 늦은 오후에 방문할 것을 추천! 전망대를 오르내리며 짧게나마 정글 트레킹 기분도 낼 수 있다. (P.71)

❼ 필리핀 마켓 야시장 Pasar Malam Filipine

해산물이 풍부한 코타키나발루의 야시장은 동남아에서도 유명한 야시장 중 하나! 항구 주변에 살고 있던 필리핀 사람들을 중심으로 만들어져 일명 '필리핀 마켓 야시장'으로 불린다. 숯불 연기가 자욱한 시장으로 들어가면 각종 해산물 요리와 현지 음식, 열대과일들이 손님을 기다린다. (P.58)

❽ 워터프런트 Waterfront

신나는 물놀이를 즐기고 코타키나발루 시내로 돌아왔지만 아직 오늘은 끝나지 않았다. 석양을 마주하는 바로 그곳, 워터프런트의 야외 테이블에서 맥주 한 잔을 앞에 두고 노을을 감상할 시간이다. 다국적 요리들을 안주 삼아 늦은 밤까지 술잔을 기울이기에도 좋은 곳이다. (P.54)

Best Activity
코타키나발루 추천 액티비티 7

저마다 다른 여행자들의 취향에 딱 맞춤! 전 세계 여행자들이 몰려오는 휴양지답게 아주 다양한 투어가 기다리고 있다. 진짜 여행 고수는 이런 투어를 잘 이용해 더 저렴하고 더 편리한 여행을 즐긴다. 혼자가 아니라 더 든든한, 패키지여행이 아니라 더 자유로운 일일 투어들을 소개한다.

❶ 반짝 반짝 한여름의 크리스마스, 반딧불이 투어

맹그로브 숲에 사는 반딧불이를 구경하는 가는 반딧불이 투어는 코타키나발루 여행자들이 빼놓지 않는 필수 투어 중 하나다. 해마다 반딧불이 개체 수가 많은 지역으로 새로운 투어가 개발되는 중! 자정 무렵 출발하는 비행기 시간까지 최대한 알차게 보내고픈 여행자에게도 인기가 있다. (P.77)

❷ KK의 민속촌! 마리마리 컬처 빌리지

한창 호기심 많은 아이를 동반한 가족 여행이라면 사바 지역의 원주민 마을을 재현해 놓은 마리마리 컬처 빌리지를 방문해 보자. 부족마다 아기자기한 체험 프로그램을 준비하고 있어 흥미진진한 반나절을 보낼 수 있다. (P.78)

❸ 멀리 간 만큼 더 보람찬, 만타나니 섬 투어

찾아가기에는 조금 먼 대신 아름다운 풍광으로 가득한 만타나니 섬으로 떠나본다. 근사한 포인트를 위해서라면 먼 길도 마다하지 않는 스노클링 마니아들이 적극 추천하는 투어! 코타키나발루의 몰디브라고 불릴 만큼 아름다운 만타나니 섬을 편안한 투어로 즐겨 보자. (P.64)

❹ 증기기관차가 끄는 옛날식 기차 여행, 북보르네오 기차 투어

100년도 넘은 골동품 증기열차를 타고 떠나는 시간 여행. 1800년대 후반 영국의 북보르네오 회사가 남겨 놓은 유산을 복원한 관광상품으로, 식민지 시대의 독특한 정취에 호기심을 가지는 역사 마니아에게 인기가 높다. 영국 통치 시절의 복장을 한 승무원과 티핀 런치까지, 제대로 재현한 기차 투어다. (P.83)

❺ 피톤 치드 가득한 산책, 키나발루 국립공원
원주민들이 신성시하는 키나발루 산을 중심으로 형성된 국립공원을 돌아본다. 5,000여 종의 식물들이 자라는 생태계의 보고로 유네스코 세계자연유산으로도 지정되었다. 가벼운 트레일 워크나 보타니컬 가든 투어 정도로 만족할 수 없는 등산 마니아는 키나발루 산 등정 상품도 확인해 보자. (P.80)

❻ 아슬아슬 정글 위를 걷다, 포링 온천 정글 워크
울창하고 빽빽한 정글을 체험하는 또 다른 방법! 그냥 걸어 다니기에는 힘든 정글 숲이 많은 나라답게, 높은 나무 사이사이를 출렁다리로 연결하는 정글 워크가 말레이시아 사람들에게 인기다. 긴장되는 정글 워크를 마치고 나면 열대에서 즐기는 온천 체험도 이색적이다. (P.82)

❼ 으쌰 으쌰 물살을 헤쳐 가자, 키울루 강 래프팅

아무리 더운 나라라도 신나게 몸을 움직이는 게 좋은 활동파 여행자들이 찾는 투어다. 물살의 난이도에 따라 여러 포인트가 있는데, 일반적인 한국인 여행자라면 시내와 가깝고 물살이 많이 거칠지 않은 키울루 강 래프팅을 선호한다. 가족 단위나 초보자도 충분히 도전 가능한 레벨!(P.79)

Must Eat List
코타키나발루 대표 음식 9

코타키나발루에서 만나게 될 낯선 음식들과 미리 친해져 보자. 때로는 새로운 미각 체험에 도전하면서, 때로는 익숙한 입맛에 반가워하면서, 여행의 추억도 쌓여 간다. 진짜 코타키나발루를 느끼고 싶다면 꼭 맛봐야 할 베스트 음식들을 소개한다.

직접 골라 원하는 대로
해산물 요리 Sea Food

너른 바다를 곁에 둔 코타키나발루에서 해산물 요리를 빼놓을 수 없다. 수조에 담긴 싱싱한 생선과 새우, 게, 랍스터 등을 직접 보고 골라서 자기가 좋아하는 취향대로 요리해서 먹는다. 특히 고소한 냄새가 진동하는 웻 버터 소스는 코타키나발루 최고의 인기 소스!

추천 맛집 웰컴 시푸드(P.84), 스리 슬레라 캄풍 아이르(P.85)

현지인처럼 먹는 아침 식사
카야 토스트 Kaya Toast

말레이시아 사람들이 가장 사랑하는 아침 식사는 누가 뭐래도 카야 토스트다. 바싹하게 구운 식빵에 달콤한 카야 잼을 바르고 고소한 버터까지 넣으면 완성! 여기에 반숙 달걀과 말레이시아식 커피까지 곁들이면 더 완벽해진다. 달걀노른자에 카야 토스트 콕 찍어 먹는 것을 잊지 말자!

추천 맛집 폭 옌(P.96), 유잇 청(P.96), 올드타운 화이트 커피(P.95)

맥주 한 잔이 저절로 생각나는
사테 Satay

숯불에 노릇노릇 구워내는 고기 꼬치는 언제나 옳다. 말레이시아와 인도네시아에서 두루 사랑받는 길거리 음식의 대표주자! 소고기, 닭고기, 양고기 3종류가 있으며 보통 닭 꼬치(사테 아얌)가 제일 흔하다. 달콤한 양념을 발라서 구운 꼬치에다 땅콩 소스까지 찍어 먹으면 감칠맛은 UP!

추천 맛집 유잇 청(P.96)

중국계 말레이인들의 보양식
바쿠테 Bak Kut Teh

한국인만큼이나 돼지고기를 사랑하는 중국 사람들. 말레이시아에 사는 중국계 이민자들도 예외는 아니다. 돼지의 각종 부위를 온갖 한약재, 허브와 함께 끓여 내는 것이 바쿠테! 고추를 넣은 간장소스에 찍어 먹고 국물에는 밥까지 말아 먹으면 그 자체가 든든한 보양식이다.

추천 맛집 유 키 바쿠테(P.87)

달콤 짭짤한 비법 소스가 궁금하다
중국식 치킨윙 Chicken Wing

한국 입맛에 잘 맞는 음식을 찾고 있다면 현지인들도 줄을 서서 먹는 중국식 맛집으로 가보자. 혀에 착착 감기는 익숙한 소스 맛에 어느새 밥 한 그릇이 뚝딱! 고소한 돼지고기볶음이나 부드러운 두부 요리도 맛있지만, 굴 소스로 볶아 낸 치킨윙은 그야말로 단짠의 정석이다.
추천 맛집 팟 키(P.86)

온종일 놀 수 있는 힘
리조트 조식 뷔페 Breakfast Buffet

리조트 밖으로 한 발자국도 나가고 싶지 않은 날, 내 취향대로 골라 먹는 조식 뷔페가 기다리고 있다. 메인 요리에서부터 디저트까지 화려하게 차려지는 조식 뷔페는 특급 리조트에 묵는 또 다른 재미다. 창을 열면 바다가 보이는 아늑한 잠자리가 있고 맘껏 게으름을 피울 수 있는 선베드와 수영장이 있으니 이보다 더 완벽한 휴식은 없다.
추천 맛집 특급 리조트(P.110)

한 번 먹으면 잊을 수 없는 맛
락사 Laksa

새콤함과 매콤함이 독특한 조화를 이루는 생선국수다. 등 푸른 생선과 달콤한 코코넛 밀크, 매운 양념으로 만든 육수에 진한 풍미가 살아있다. 현지인에게는 절대적인 지지를 받는 반면, 한국인에게는 호불호가 갈리는 맛이지만 일단 한 번 맛 들이면 매년 말레이시아를 찾아야 할 만큼 중독적이다.
추천 맛집 이 퐁(P.86)

코타키나발루의 전통 돼지국수
샹뉵미 Sang Nyuk Mee

동남아 국수 요리의 지존이 베트남 쌀국수라고 생각했다면 이제 새로운 강자 '샹뉵미'를 맞이할 시간이다. 코타키나발루가 있는 사바지역을 대표하는 국수요리로, 특제 소스에 비벼 먹는 드라이 타입과 돼지육수에 말아 먹는 수프 타입 두 가지가 있다. 당연히 둘 다 먹어 볼 것을 추천한다.
추천 맛집 멜라니안 3(P.92)

사바 스타일 볶음국수
투아란 미 Tuaran Mee

코타키나발루 북쪽에 있는 투아란 지역에서 탄생한 국수요리. 노란 에그 누들을 바삭바삭할 정도로 고열에 볶아낸다. 다양한 고명을 입맛대로 투하할 수 있는데, 코타키나발루에서 먹는다면 생선튀김과 새우, 어묵이 듬뿍 들어간 '시푸드 투아란 미'부터 추천한다.
추천 맛집 셍 힝(P.93)

다양한 맛의 천국, 말레이시아 대표 음식

코타키나발루라는 도시로 여행 예약을 하고 보니 말레이시아라는 매혹적인 나라가 기다리고 있다. 다문화 음식이 향연을 펼치는 말레이시아에서는 말레이계/중국계/인도계 음식 모두를, 그것도 저렴한 가격에 맛볼 수 있다. 한 도시 여행으로 3개국 맛을 볼 수 있는 일타삼피의 매력덩어리, 그 대표 음식들을 만나보자.

말레이계 음식

쌀밥에 반찬 몇 가지를 곁들여서 먹는 것이 말레이시아인들의 전통적인 식사법이다. 요리에는 허브와 향신료를 아낌없이 사용하는 것이 특징. 특히 풍미를 더하기 위해 블라찬 Belacan이라는 새우 페이스트를 자주 사용한다.

나시 르막
Nasi Remak
코코넛 밀크로 지은 밥을 멸치 튀김, 땅콩, 달걀, 오이, 매운 삼발 소스와 함께 내는 아침식사다. 바나나 잎으로 포장해서 간편하게 즐기기도 하는 국민 대표 메뉴다.

나시 고랭
Nasi Goreng
말레이시아식 볶음밥. 잘게 썬 야채와 고기나 해산물을 기름에 볶다가 밥과 양념을 투하한다. 어디서 먹어도 무난하다.

나시 짬뿌르
Nasi Campur
한 접시에 담는 만큼 계산하는 말레이식 백반. 한두 가지 고기 반찬과 두세 가지 야채 반찬이면 적당하다.

소통 고랭
Sotong Goreng
말레이시아 사람들이 즐겨 먹는 오징어 튀김. 바삭하게 튀긴 오징어를 달콤한 칠리 소스에 찍어 먹는다.

삼발 소통
Sambal Sotong
말레이식 양념을 넣어서 볶아낸 오징어 요리. 감칠 맛 나게 발효시킨 새우 페이스트를 사용해서 밥 반찬으로는 최고다.

삼발 우당
Sambal Udang
통통한 새우를 매콤 달콤한 양념으로 볶아내는 요리. 말레이 특유의 발효 양념장과 감칠맛 나는 새우는 찰떡궁합이다.

이칸 아삼 쁘다스
Ikan Asam Pedas
말레이 스타일의 생선 조림. 시큼하면서도 (아삼 Asam) 매콤한 (쁘다스 Pedas) 양념장을 넣어서 조려내는 방식이다.

로작
Rojak
말레이 스타일의 과일 샐러드. 구아바나 파인애플 같은 과일에 달콤짭짤한 블라찬 드레싱을 뿌려 먹는다.

인도계 음식

말레이계와 중국계에 이어 세 번째로 규모가 큰 민족. 영국이 페낭과 싱가포르에 무역기지를 세운 19세기 이후 대거 이주한 타밀족을 시작으로, 인도 각지에서 온 이민자들이 뒤섞여 영향을 주고받으며 새로운 레시피가 개발되었다.

로띠 차나이
Roti Canai

찰진 밀가루 반죽을 얇게 펴서 프라이팬에 구워내는 음식. 인도계 무슬림들이 아침식사로 즐겨 먹는다.

마막 미 고랭
Mamak Mee Goreng

말레이시아에서 먹는 볶음국수가 미 고랭. 그 중에서도 타밀계 무슬림들이 만들어 낸 '인도식 마막 미고랭'이 대표적이다.

탄두리 치킨
Tanduri Chicken

인도 북부 지역 출신의 이민자들이 들여온 인도의 전통 닭요리. 향신료와 요구르트에 재운 닭을 긴 쇠꼬챙이에 꿰어 탄두르 Tandoor에서 구워낸다.

나시 칸다르
Nasi Kandar

페낭 지역에서 유래한 타밀계 이주민들의 대표음식. 밥 위에 고기나 야채 반찬을 골라서 담은 다음 커리 소스를 듬뿍 뿌려서 먹는다.

비리야니
Biryani

향신료를 넣어 만든 인도식 커리 영양밥. 인도 특유의 향신료가 들어간 쌀밥에 닭고기·양고기 등 여러 재료들을 곁들여 만든다.

바나나 리프 라이스
Banana leaf rice

바나나 잎을 접시 삼아 그 위에 밥과 커리, 반찬을 얹어주는 남인도 지방의 대표 음식. 밀즈 Meals라고 부른다.

무르타바
Murtabak

다진 고기와 야채로 두툼하게 속을 채워서 굽는 인도식 팬케이크. 커리 파우더와 가람 마살라 등 인도의 향신료를 총동원해 속 재료를 양념한다.

파셈부르
Pasembur

튀김에 채 썬 오이와 히까마 등을 얹고 매콤달콤한 소스를 뿌려 먹는다. 인도계 무슬림의 대표음식으로 인도식 로작 Indian Rojak이라고도 한다.

떼 따릭(혹은 떼 따릭 아이스) Teh Tarik

뜨거운 홍차와 연유를 섞은 말레이 사람들의 국민 음료. 두 개 용기의 높이를 바꿔가며 액체가 길게 늘어지도록 떨어뜨려 거품을 낸다.

중국계 음식

말레이시아에서 가장 높은 비중을 차지하는 이주민 인구가 중국계. 그 만큼 중국식 음식 문화는 노점 음식을 비롯해 말레이 음식 문화 전반에 강력한 영향을 미쳤다. 크고 작은 도시에서 다양한 길거리 음식을 내놓고 팔면서, 각 지역 특성에 맞춰 변형한 요리들까지 등장했다.

치킨 라이스
Chicken Rice

말레이시아 스트리트 푸드의 트레이드 마크. 닭 육수로 지은 밥에 찜닭을 얹은 한 그릇 음식으로 하이난 지방 이주민들이 개발했다.

차슈 라이스
Char Siew Rice

달콤짭짤한 양념을 발라서 굽는 중국식 바비큐, 차슈를 밥 위에 얹어 먹는다. 치킨 라이스와 함께 중국계 이민자들에게는 소울 푸드와도 같다.

차 콰이 테우
Char Kway Teow

새조개와 새우, 오징어 같은 해산물과 함께 볶아낸 중국식 볶음 쌀국수. 뜨거운 기름과 중국식 냄비로 내는 불맛이 일품이다.

완탄 미
Wantan Mee

광둥 지방에서 유래한 음식. 굴소스와 소이 소스로 만든 특제 소스에 비벼 먹는 드라이 타입과 육수에 말아 먹는 수프 타입이 있다.

딤 섬
Dim Sum

피가 얇고 속이 투명한 까우(餃), 찐빵처럼 껍질이 두툼한 바오(包), 윗부분이 뚫려 속이 보이는 마이(賣) 등 다양한 종류를 중국식 차와 함께 먹는다.

스팀 보트
Steam Boat

각종 재료를 끓는 국물에 넣어서 익혀 먹는 일종의 샤부샤부. 어묵, 두부, 유부, 국수, 해물, 고기, 야채 등 다양한 재료를 넣어 먹을 수 있다.

하이난 식 치킨 찹/폭 찹
Chicken Chop/ Pork Chop

고소하게 튀긴 치킨/포크 커틀릿에 달짝지근한 소스를 뿌려 먹는 하이난 스타일 음식의 대명사.

굴 오믈렛
Oyster Omelette

굴을 곁들인 중국식 달걀 볶음. 타피오카 분말과 쌀가루를 넣은 반죽을 달달 볶아서 특유의 쫀득한 질감이 난다.

로 박
Loh Bak

양념에 재운 돼지 안심을 두부피로 돌돌 말아 튀긴다. 아삭할 정도로 노릇하게 튀겨진 두부피 껍질이 핵심이다. 소이 소스로 만든 디핑 소스(로 Loh)에 찍어 먹는다.

Must Drink List
코타키나발루 음료 10

언제 가도 한여름, 언제라도 무더운 날씨라 평소보다 몇 배는 더 자주 시원한 음료를 찾게 된다.
한바탕 땀을 쏟고 나서 들이키는 달콤한 음료는 절대 거절할 수 없는 유혹!
편의점에서, 식당의 메뉴판에서 만나게 될 독특하고 맛있는 음료들을 소개한다.

이온+청량음료
100플러스 100PLUS

이온 음료에 탄산까지 들어간 말레이시아 최고의 인기 음료. 땀을 많이 흘렸을 때 갈증을 빠르게 해소하면서 청량감까지 준다.

자양강장 커피 음료
알리 카페 Alicafe

말레이시아의 인삼이라 불리는 통캇 알리가 들어간 커피 음료. 나른한 오후에 활력을 찾기에 좋다.

톡 쏘는 청량음료
에프엔엠 F&N

말레이시아 최대의 음료 회사의 청량음료. 일반적인 청량음료 맛 외에도 아이스크림 소다 맛, 사르시 등 독특한 맛이 많다.

상큼하게 신맛
라임 주스 Lime Juice

갓 짜낸 듯 상큼한 라임 주스를 캔으로 편하게 마실 수 있다.

산뜻한 아이스 티
테 아이스 F&N The Ais

콜라만큼이나 인기가 좋은 F&N 회사의 아이스 티. 녹차, 레몬, 복숭아, 사과 맛 등이 있다.

몸에 좋은 블랙커런트
리베나 Ribena

항산화 작용이 뛰어난 것으로 알려진 블랙커런트 열매로 만든 주스. 크랜베리와 딸기를 섞은 맛도 있다.

부드러운 두유
여스 소이 Yeo's Soy

우리나라 두유보다 연한 맛이 나는 두유라 가벼운 음료처럼 마시기 좋다.

인기 급상승 중!
칼라만시 주스 Calamansi Juice

라임의 일종인 칼라만시 주스는 새콤한 맛으로 열대 지역 사람들에게 사랑받는 음료다. 우리나라에서도 다이어트와 디톡스에 효과가 있다며 인기가 있다.

갈증 해소에 최고!
킷 차이 핑 Kit Chai Ping

칼라만시 주스에 설탕을 넣고, 소금에 절인 시큼한 매실까지 넣으면 사바 지역 사람들이 즐겨 먹는 킷 차이 핑이 된다. 먹어 본 사람만 아는 중독적인 맛!

달콤+시원
코코넛 셰이크 Coconut Shake

코코넛 워터에 코코넛 과육과 코코넛 혹은 바닐라 아이스크림을 넣은 다음 셰이크처럼 갈아 마신다. 밀크 셰이크와는 또 다른 건강한 맛!

Must Buy List ①
코타키나발루에서 주목해야 할 패션 브랜드

말레이시아는 세계적인 명품 부티크에서부터 로컬 디자이너의 브랜드까지 각양각색의 매장이 가득한 쇼핑 천국으로 불린다. 시내 중심에만 5개 이상의 대형 쇼핑몰이 있는 코타키나발루도 예외는 아니다. 쇼핑몰을 방문했다면 한 번쯤 가볼 직한 브랜드 매장들을 소개한다.

1
스타일대로 모아서 한 번에 해결
파디니 컨셉 스토어 Padini Concept Store

인기 절정의 구두 브랜드부터 액세서리와 지갑, 가방 등의 소품까지 모두 한자리에 모아서 판매한다. 감각적인 디자인에 합리적인 가격대라 젊은 층에게 인기가 있다. 세일기간에는 초저가의 균일 상품도 선보인다.

2
저가 아이템이 가득한 보물 창고
팩토리 아웃렛 스토어 F.O.S

랄프 로렌, 타미 힐피거, 갭 키즈 등 브랜드 이월 상품들을 저렴하게 판매하는 아웃렛 매장. 여러 개 골라잡아도 부담 없는 가격이 매력이다. 티셔츠와 바지, 신발 등 다양한 상품이 있으며, 그중에서도 아동복이 저렴하다.

3
미국 최대의 란제리 브랜드
빅토리아 시크릿 Victoria's Secret

미국 여행을 가는 사람이라면 무조건 쇼핑 목록에 넣을 만큼 인기 만점인 란제리 브랜드. 세계적인 탑 모델들이 등장하는 란제리 쇼 역시 세간의 화젯거리다. 우리나라에도 상륙했지만 보다 다양한 화장품과 보디 제품 등 토털 뷰티 용품을 살 수 있다.

4
만족도 높은 캐나다 란제리 브랜드
라 센자 La Senza

미국에 빅토리아 시크릿이 있다면 캐나다에는 라 센자가 있다. 그만큼 유명한 캐나다 국민 란제리 브랜드로, 다양하고 예쁜 디자인에 편안한 착용감이 인기 비결이다.

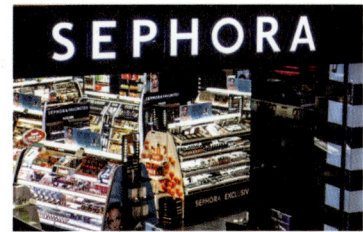

5
저렴하게 구입할 수 있는 싱가포르 브랜드
찰스 앤 키스 Charles & Keith

말레이시아에서도 인기를 끌고 있는 싱가포르 출신 디자이너의 구두 브랜드. 세일기간 찬스를 활용하면 한국 백화점에 입점해 있는 매장보다 저렴한 가격으로 쇼핑할 수 있다. 가방 종류도 인기가 있다.

6
명품 화장품 멀티숍
세포라 Sephora

다양한 브랜드의 명품 화장품들을 한자리에서 둘러볼 수 있는 멀티숍. 특히 메이크업 제품이나 네일 제품을 한 번에 비교해보고 구입할 때 편리하다.

7
통째로 들고 가고픈 여름 샌들
빈치 Vincci

세일기간에 이곳을 방문했다면 몇 개씩 사재기하고 싶은 충동이 절로 난다. 세련된 디자인으로 여자들의 마음을 사로잡은 말레이시아 토종 브랜드. 특히 여름 샌들과 슬리퍼 가격이 아주 합리적이다.

8
실용적이고 저렴한 신발 쇼핑
바타 Bata

우리나라에는 알려져 있지 않지만 유럽과 남미, 동남아시아와 아프리카 지역에서는 유명한 신발 브랜드다. 스위스에 본사가 있는 브랜드답게 조금 투박하지만 실용적인 디자인에 합리적인 가격대가 인기 비결.

+Plus 폭탄급 세일, 말레이시아 쇼핑 페스티벌

진정한 쇼핑 마니아라면 전 세계 쇼퍼홀릭들이 모여드는 쇼핑 페스티벌을 놓치지 말자. 대형 쇼핑몰과 백화점을 비롯해 호텔과 레스토랑까지도 대대적으로 참여하기 때문에 거리가 온통 'SALE'이라는 단어로 물든다.

- **원 말레이시아 메가 세일 카니발** 1 Malaysia Mega Sale Carnival
매해 여름을 뜨겁게 달구는 쇼핑 축제. 보통 6월 말~8월 말까지 대대적인 폭탄 세일.
- **원 말레이시아 이어 엔드 세일** 1Malaysia Year End Sale(YES)
연말 시즌을 장식하는 폭탄 세일. 11월 중순부터 다음 해 1월 초까지 이어진다.

Must Buy List ②
코타키나발루에서 놓치면 후회할 슈퍼마켓 쇼핑 리스트

1
올드 타운 화이트 커피 Old Town White Coffee

말레이시아 인스턴트 믹스 커피의 대표 브랜드. 특히 고소한 풍미를 위해 로스팅할 때 마가린을 첨가한 화이트 커피가 유명하다.

2
알리 카페 Ali Cafe

말레이시아의 인삼나무인 통갓 알리 추출물을 넣은 인스턴트 커피믹스. 단, 통갓 알리가 들어간 제품은 우리나라에서 정식통관이 되지 않기 때문에 통갓 알리가 들어가지 않은 버전이 따로 있다.

3
밀크 티 Milk Tea

인도계 말레이인들이 사랑하는 음료 '떼 따릭'을 인스턴트용으로 만들었다. 달콤하고 은은한 밀크 티는 누구나 좋아하는 맛이다.

4
사바 티 Sabah Tea

코타키나발루가 있는 사바 지역에서 자란 찻잎으로 티백 형태와 가루 형태가 있다. 순수 찻잎보다는 달콤한 밀크 티 버전이 더 인기!

5
멸치 과자 Roasted Anchovy

바싹 튀겨서 짭짤하게 양념한 멸치는 최고의 맥주 안주다. 숙소에서 먹으려고 사봤다가 캐리어에 가득 쟁여가는 이들이 수두룩한 인기 아이템. 매운맛과 일반 맛이 있다.

6
카야 잼 Kaya Jam

코코넛 밀크에 달걀과 설탕을 넣어서 만든 잼. 부드러운 질감과 노르스름한 색깔이 매력적인데 판단 잎까지 들어간 건 녹색이다. 한 번 열면 닫기가 힘든 마성의 잼으로 많은 사람이 찾는 기념품 중 하나다.

7
노니 비누 Noni Soap

항산화 성분이 있는 노니 열매 파우더가 들어간 녹색의 비누. 항균, 항진 효과가 있다고 알려져 있다.

8
코코넛 오일 Coconut Skin Oil

보르네오 섬에서 자라는 코코넛에서 추출한 피부용 오일이다. 수분 보습에 효과가 좋다.

9
망고 젤리 Lot 100 Mango Gummy

상큼한 과일 향과 탱탱한 식감이 매력적인 젤리로 가벼운 선물로 나눠주기에 좋다. 망고 맛이 제일 인기가 있어서 흔히 망고 젤리로 불리는데 사과 맛도 괜찮다.

10
두리안 초콜릿 Durian Chocolate

카카오 가공산업이 발달한 말레이시아는 일명 '아시아의 초콜릿 허브'라고도 불린다. 코코넛, 망고, 두리안 등 열대 과일을 이용한 다양한 초콜릿을 만날 수 있다.

11
말린 열대과일 Dried Mango

남녀노소 모두 사랑하는 망고를 비롯해 두리안, 망고스틴, 람부탄 등 다양한 열대과일을 말린 제품들. 포장이 깔끔해서 선물용으로도 좋다.

13
말레이시아 라면 Penang White Curry Mee

말레이시아의 명물 요리들을 콘셉트로 한 인스턴트 라면. 특히 페낭의 토속음식인 '화이트 커리 미' 라면은 매콤한 감칠맛이 일품이다.

12
고체형 주방세제
Labour Dishwashing Paste

액체 세제에 비해 잘 헹궈지며, 아주 저렴한 가격에 오래 쓸 수 있다는 것이 장점이다. 단 무게가 무거워서 가져오기가 조금 망설여진다.

15
히말라야 암염 Himalaya Rock Salt

히말라야 지역의 소금 광산에서 나오는 핑크색 소금. 미네랄이 풍부해 프리미엄 제품으로 인정받는다. 코타키나발루에서는 우리나라보다 훨씬 저렴하다.

14
사라왁 후추 Sarawak White Pepper

같은 보르네오섬이면서 사바주 아래에 있는 사라왁 지역의 대표적인 특산물이다. 일반 후추보다 덜 맵고 과일의 풍미가 난다. 껍질을 벗긴 흰 후추가 가장 인기 있다.

16
아렌 시럽
Aren Syrup(Gula Kabung)

밀림의 아렌이 야자나무에서 얻는 천연 설탕. 정제하지 않고 야자나무 수액을 졸여서 만들기 때문에 땅에서 얻는 미네랄이 살아 있다.

17
달리 치약 Darlie Toothpaste

동남아 여행의 필수 쇼핑 품목으로 인기 있는 미백 치약. 여러 가지 타입이 있으며, 할인행사를 자주 한다.

KOTA KINABALU QUESTION & ANSWER
코타키나발루 FAQ 11

FAQ 1 코타키나발루는 언제 가는 게 제일 좋나요?

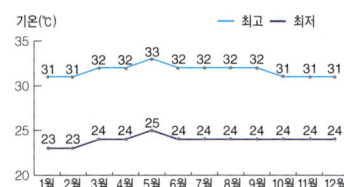

언제나 더운 기후
코타키나발루는 적도 부근에 있어서 기온이 높고 습한 열대성 기후이다. 한낮의 최고 기온이 1년 평균 31℃ 정도로, 1년 내내 여름에 가깝다. 코타키나발루는 말레이시아 본토와 떨어진 보르네오 섬에 있어서 수도인 쿠알라룸푸르가 있는 본토와는 기후 특징이 다르다.

건조하고 날씨가 좋은 1~4월
코타키나발루에는 계절풍의 영향으로 건기와 우기가 있다. 건기에 해당하는 1월부터 4월까지는 월평균 강수량이 100mm 이내로 건조한 날씨를 보인다. 건기 중 4월이 가장 덥다. 한 달에 10일 정도는 소나기가 오지만 금방 개이기 때문에 여행에는 크게 영향을 주지 않는다.

비가 많이 오는 9~11월
나머지 기간인 5월에서 11월에는 한 달 평균 약 200mm 이상의 비가 오고 그중 9월에서 11월에는 날수로 계산하는 한 달의 절반가량은 비가 내린다. 다만 하루 종일 비가 오는 날 매우 드물어서 여행을 하는데 큰 지장은 없다. 우기라 하더라도 일몰을 볼 수 있는 경우가 많다.

> **Tip** 중국인 관광객이 많은 설 연휴
> 날씨가 좋은 2월, 그중에서도 중국인들의 연휴 기간이 있는 구정에는 관광객들이 몰린다. 숙소 가격도 올라가고 예약 경쟁도 치열하다.

우기에는 일정을 여유 있게
우기에는 비로 인한 일정 변경 가능성을 염두에 둔다. 아름다운 일몰을 보거나 화창한 햇살 아래서 해변을 거닐 확률은 건기에 비해 줄어든다. 특히 선착장에서 배를 타고 1시간 이상 들어가야 하는 섬 투어는 비가 많이 오면 취소되기도 한다.
시내와 가까운 섬으로 가는 호핑투어나 반딧불이 투어 역시 비가 많이 오면 취소되거나, 그대로 진행하더라도 비용에 비해 만족하지 못하기 쉽다. 우기에는 고급 리조트나 좋은 숙소에서 휴식을 취하는 것도 현명한 방법이다.

> **Tip** 코타키나발루의 우기 특징
> 코타키나발루의 우기 때는 일기예보가 큰 의미가 없다. 매일 비가 온다고 표시되어 있거나 시간대별 강수 예보는 정확하지 않다. 대부분 내렸다가 한두 시간 내로 그치는 소나기이므로 비 예보가 있더라도 잠깐만 비를 피하면 정상적으로 여행할 수 있다.

FAQ 2 예산은 얼마나 잡아야 하나요?

전체 예산
= 하루 예산(숙박비+식비+시내 교통비+입장료) X 여행 일수 + 항공 요금 + 투어 비용 + 쇼핑 + 비상금

항공 요금

우리나라 저가 항공사들이 운영하는 인천, 부산, 대구 출발 코타키나발루행 직항 노선의 경우 왕복 30만 원대 후반에서 40만 원대 초반에서 구할 수 있다. 대부분 항공사가 가격대가 비슷하다. 우리나라 여행 성수기인 방학과 설날, 추석의 경우 미리 구입하지 않으면 할인 가격이 아닌 정상 가격에 구입하게 된다. 각 항공사에서 제공하는 특가 할인 프로모션을 노리면 좀 더 가격이 저렴해진다.

숙박비

각자 선택하는 숙소 수준에 따라 비용 차이가 크게 난다. 배낭여행자들이 묵는 호스텔의 도미토리는 보통 1인당 1만 원~1만 5천 원 정도. 창문이 없거나 공용 욕실을 쓰는 중저가 호텔은 더블룸 기준 하루 3~4만 원이며, 5~7만 원 정도면 방안에 욕실이 있는 깨끗하고 시설 좋은 더블룸을 구할 수 있다. 가족 여행자들이 즐겨 찾는 4성급 리조트는 하루 100~200달러 사이, 특급 리조트는 200~400달러 사이이다. 주말과 성수기에는 가격이 좀 더 오른다.

식비

여행자의 취향에 따라 차이가 크다. 현지인들처럼 푸드코트나 노점에서 판매하는 요리를 먹는다면 음료를 포함하여 아침식사는 2천~3천 원, 그 외 식사는 3천~4천 원 내로 한 끼 해결이 가능하다. 맥도날드 같은 패스트푸드점에 가면 세트 메뉴가 3천~5천 원 정도, 대형 쇼핑몰에 있는 깔끔한 푸드코트나 레스토랑에서 식사할 경우, 음료와 메인 요리를 포함해 1인 5천 원~1만 2천 원 정도로 예산을 잡으면 된다. 고급 리조트의 식당의 경우 음료 포함해서 최소 1만 5천 원 이상이다.

시내 교통비

코타키나발루는 시내버스 노선이 발달하지 않았다. 시내 간 이동은 거의 그랩 Grab과 같은 차량 공유 시스템과 택시를 이용하게 된다. 택시는 미터를 사용하지 않고 목적지에 따라서 거의 고정된 금액을 받는다. 시내 이동의 경우 3천~4천 원, 시내 외곽의 해변이나 리조트의 경우 4~6천 원 선이다. 그랩은 택시에 비해서 약 30~40% 저렴한 비용으로 같은 거리를 이동할 수 있다.

※ 교통 체증이 시작되는 저녁 퇴근시간에는 그랩 역시 평소보다 비용이 올라간다. 특히 사람이 많이 몰리는 일몰 시간대에 딴중 아루 비치에서 시내로 돌아오려면 택시나 그랩 모두 더 많은 금액을 줘야 한다.

입장료

대부분의 이슬람 사원이 입장료가 무료이지만, 관광객들이 많이 찾는 시티 모스크의 경우 약 1천 5백 원의 입장료를 받는다. 또한 사원에 들어갈 때 복장을 빌리면 역시 비슷한 금액의 대여료가 있다. 시내에 있는 박물관 입장료는 4천 원 정도이다. 우리나라 민속촌에 해당하는 마리마리 빌리지는 입장료가 5만 원 선이지만 여행사를 통하면 픽업 서비스까지 포함하여 좀 더 저렴한 가격에 둘러볼 수 있다. 섬으로 들어가지 않는 해변은 입장료가 따로 없다.

투어비

코타키나발루 여행의 필수 코스에 해당하는 툰쿠 압둘 라만 해양공원 호핑 투어의 경우, 현지 선착장에서는 흥정에 따라 가격이 조금씩 달라진다. 섬 2곳을 방문하는데 1만원 정도. 만타나니 섬 같은 보다 먼 섬으로 가는 투어는 금액이 8만 원에서 11만 원 사이다. 반딧불이 투어는 투어 장소와 업체에 따라서 가격이 다양해서 1인 3만 5천 원에서 4만 원 정도. 그 외에도 북보르네오 증기기관차 투어와 같은 다양한 투어들이 있다. 원하는 투어들을 골라 미리 예상 금액을 책정해 놓는다.

※ 코타키나발루에서 호핑 투어로 가는 섬들은 투어비와는 별도로 국립공원 입장료가 있다. 1일 모든 섬을 둘러보는데 약 3천 원 정도.

비상금

다치거나 아파서 병원을 간다거나 예상 못 한 지출이 생기는 경우, 또 도난을 당했을 경우에 대비해 총 경비의 10% 정도는 따로 챙겨두거나 신용카드를 준비한다.

FAQ 3 어떤 항공권을 사는 게 좋을까요?

직항 항공사는 5개

인천 국제공항과 부산의 김해공항, 그리고 대구 공항을 통해 코타키나발루로 갈 수 있다. 한국-코타키나발루 간 직항 노선을 가지고 있는 항공사는 진에어, 이스타항공, 에어서울, 에어부산, 제주에어, 총 5개 항공사이며 모두 항공편이 매일 있다. 대한항공은 진에어가, 아시아나 항공은 에어서울의 비행기를 이용하여 공동 운항한다. 한국에서 코타키나발루까지 약 5시간 10분에서 30분 정도 시간이 소요된다.

※ 인천↔코타키나발루 직항 스케줄

항공사	출발지/ 출발 시각	도착지/ 도착 시각
진에어	인천 19:05	코타키나발루 22:55
	코타키나발루 23:15	인천 05:10
제주항공	인천 19:10	코타키나발루 00:20
	코타키나발루 23:20	인천 06:25
이스타 항공	인천 19:30	코타키니발루 00:45
	코타키나발루 23:35	인천 07:10
에어서울	인천 19:50	코타키나발루 01:10
	코타키나발루 00:10	인천 07:20

※ 부산↔코타키나발루 직항 스케줄

항공사	출발지/ 출발 시각	도착지/ 도착 시각
이스타 항공	김해 19:05	코타키나발루 00:20
	코타키나발루 23:20	부산 06:10
에어부산	김해 19:00	코타키나발루 00:25
	코타키나발루 23:50	부산 07:05

※ 대구↔코타키나발루 직항 스케줄

항공사	출발지/ 출발 시각	도착지/ 도착 시각
에어부산	대구 19:50	코타키나발루 01:20
	코타키나발루 23:50	대구 07:15

※ 각 항공사의 비행기 운항 시간은 변동이 잦은 편이다. 본 시간표는 참고용으로만 사용하며, 정확한 시간은 항공권 예매 당시 각 항공사 홈페이지를 참고한다.

비슷한 시간대로 운영하는 직항 항공사

각 항공사는 대부분 항공기 운영 시간이 비슷하다. 인천 출발 시간은 저녁 7~9시 사이이며, 코타키나발루에 자정 무렵에 도착한다. 인천으로 올 때는 새벽 12시 30분에서 2시 사이에 출발해서 다음 날 아침 7~8시경에 한국에 도착하게 된다. 부산과 대구 출발 항공편은 출발시간과 가격대는 인천 출발 항공편과 거의 차이가 없으며, 운항시간은 인천보다 약 15~20분 정도 단축된다.

직항 항공권 가격은 큰 차이가 없다

직항 항공사도 항공사별로 가격의 큰 차이가 없는 편이다. 미리 항공권을 구입할 경우 5박 6일 노선을 모두 30~40만 원대로 구입할 수 있다. 일정이 3일 정도로 짧은 항공권의 경우 1년마다 있는 할인 프로모션을 이용하면 10만 원대에도 구입이 가능하다.

+Plus 말레이시아 저가 항공사, 에어아시아

말레이시아 국적의 저가 항공사인 에어아시아를 이용하면 말레이시아 본토와 코타키나발루를 함께 여행할 수 있다. 인천, 부산, 제주에서 출발한 항공기는 말레이시아의 수도인 쿠알라룸푸르에 도착한 후 코타키나발루행 국내선으로 갈아타게 된다.

경유편 항공권은 가격 상 장점이 없다

일반적으로 경유편 항공권을 찾아보면 직항 때보다 저렴한 항공권도 많은 편이다. 하지만 코타키나발루 노선은 우리나라에서 규모 있는 저가 항공사들이 모두 경쟁에 뛰어들어 있기 때문에 가격이 매우 저렴한 편이며 오히려 경유편 가격이 더 비싸다. 경유하는 국가를 추가로 여행하는 스탑오버를 이용하지 않는다면 경유편 항공권을 구입할 이유가 없다.

항공권 구입 방법

① 항공권 가격을 비교한다
스카이스캐너나 카약 같은 항공권 가격 비교 사이트를 이용한다. 여행을 원하는 날짜를 넣어서 항공사별 가격을 비교해본다. 항공사별 가격과 운항 스케줄을 한눈에 확인할 수 있다.

홈페이지 스카이스캐너 www.skyscanner.com, 카약 www.kayak.com

② 원하는 항공사로 직접 구매한다
자신이 원하는 저가 항공사의 홈페이지나 애플리케이션에서 검색한다. 원하는 날짜와 가격이 나오면 곧바로 구매 과정으로 이동한다. 각 저가 항공사들은 회원 가입자를 대상으로 애플리케이션이나 이메일을 통해서 초특가 세일 기간을 알려준다. 경쟁률이 치열해서 구매 과정은 까다로운 편이지만, 성공할 경우 정가의 반값 정도로 항공권을 구입할 수 있으니 참고해보자.

홈페이지 진에어 www.jinair.com, 에어서울 www.airseoul.com, 제주에어 www.jejuair.com, 이스타항공 www.eastarjet.com, 에어아시아 www.airasia.com

③ 땡처리 항공권을 찾아본다
짧은 휴가를 다녀올 생각이라면 출발일과 귀국일이 미리 정해져 있는 패키지용 할인 항공권을 검색한다. 패키지 여행사들이 확보해 놓은 항공권 가운데 남은 좌석을 특가로 구입할 수 있다. 모객이 급한 패키지 상품도 할인 가격으로 이용 가능. 단, 날짜 변경 불가, 환불 불가 등의 조건은 확인해야 한다.

홈페이지 땡처리닷컴 www.ttang.com, 투어 캐빈 www.tourcabin.com

+Plus 코타키나발루 항공권 구입 시 체크 사항 3가지

① 수화물의 무게와 수량을 체크하자
일반적으로 저가 항공사들은 일반 항공사보다 체크인 수하물의 수량과 무게의 기준이 까다롭다. 출발하는 공항에서는 기내 반입 수하물의 크기와 무게, 수량에 대해 철저하게 확인하는 편이다. 저가 항공사마다 수하물 관련 규정이 조금씩 다르기 때문에 예약 전에 확인한다.
※ 초특가 항공권은 무료 수화물을 제공하지 않는 경우가 많다. 필요한 추가 수화물만큼 비용을 지불하거나 기내 수화물 허용무게만큼만 짐을 가져가야 한다.

② 기내식을 미리 구입하자
대부분 저가 항공사들은 기본적으로 물과 음료만 제공된다. 단 진에어는 간단한 콜드밀 형식으로 기내식을 제공한다. 약 5시간이 넘는 비행시간 동안 자신의 편의를 잘 생각해서 표를 구입할 때 기내식을 함께 구입한다. 표를 구입한 후에도 홈페이지를 통해서 나중에 기내식을 추가 구입할 수 있다. 출발 48시간 전까지 기내식을 신청하지 못했을 경우 비행기 내에서 간단한 컵라면이나 국밥 같은 인스턴트 식품을 주문할 수 있다.

③ 출발 전 사전 체크인을 하자
항공사에 따라서는 인터넷을 통한 사전 체크인(웹 체크인)을 권장하는 경우도 있다. 항공사 홈페이지나 애플리케이션에 들어가서 웹 체크인 과정을 밟는다. 공항 체크인 카운터 근처에 있는 자동 체크인 기계를 통해서 미리 체크인하고 짐이 있으면 체크인 카운터로 간다. 예약 번호나 애플리케이션 상에서 체크인 완료 화면을 보여주면 된다.

FAQ 4 숙소 예약은 어떻게 하나요?

숙소도 미리 예약을 하자
항공권을 구입하고 일정이 잡혔다면 숙소를 예약한다. 짧은 일정이라면 중간에 일정이 변경될 가능성이 없기에 출발 전 모든 숙소를 예약한다. 인기 있는 숙소들은 저렴하고 좋은 방부터 빨리 마감되므로 미리 예매하는 것이 좋다.

일반 숙소는 인터넷으로 편리하게 예약한다
인터넷과 휴대폰 애플리케이션으로 나와 있는 호텔 예약 서비스를 이용하면 편리하다. 원하는 숙소의 위치, 요금, 조건, 리뷰 등을 자세히 살펴본 후 신용카드로 예약한다. 호텔 조건에 따라서 전체 요금을 미리 계산하는 경우도 있다.

홈페이지 부킹닷컴 www.booking.com, 아고다 www.agoda.com, 호텔스닷컴 www.hotels.com

장단점이 명확한 한인 민박
코타키나발루에는 일반 숙소 대비 가격도 나쁘지 않고 조식(혹은 석식까지) 한식으로 제공하는 한인 민박들이 많다. 한국어로 여행 정보를 얻을 수 있고 대부분 투어 예매도 함께 진행하고 있기 때문에 전체 일정을 쉽게 짤 수 있다. 한국에서 모바일 메신저 카카오톡과 인터넷 카페를 통해서 문의 및 예약이 가능한 것도 장점. 단, 숙소 주인과 손님의 성향에 따라서 호불호가 갈릴 수가 있으며, 예약 변경이나 환불 조건을 꼭 확인해야 한다.

여행 초보자에게 에어비앤비는 조심
현지인들이 사는 집을 호텔처럼 이용하는 숙박 공유 플랫폼 에어비앤비가 인기를 끌고 있다. 호텔을 벗어나 현지인처럼 생활하는 콘셉트가 핵심. 특히 여행 인원이 많을 경우 집 전체를 저렴하게 빌릴 수 있는 것이 최고의 장점이다.
단, 환불과 취소 과정이 신속하지 않으며, 집주인과의 분쟁(기물파손, 위생 문제, 범죄 등)이 생기면 본사의 적극적인 해결을 기대하기 힘들다. 영어 대화나 이메일 등으로 의사소통이 원활한 사람에게만 추천하며, 여행 초보자라면 여행기간 동안 숙소 전체를 에어비앤비로만 예약하는 것은 추천하지 않는다. 주인과의 연락이 중요하므로 현지 전화통화가 가능한 유심을 구입하거나 아니면 데이터 통신은 반드시 가능하게 해 놓을 것.

+Plus 인터넷으로 숙소 예매 시 필수 사항

① 환불 조건 확인
저렴한 특가의 숙소는 환불 불가의 조건으로 나오는 경우가 많다. 이 경우 날짜 변경이나 취소 및 환불이 되지 않는다.

② 선 결제 여부 확인
일부 호텔들은 체크인하기도 전에 전체 요금을 신용카드로 결제해가는 경우가 있다. 신용카드 결재내역을 미리 확인해서 체크인 시 이중으로 지불하지 않도록 주의한다.

③ 숙소 종류 확인
정식 허가받은 호텔/호스텔뿐만 아니라 비앤비형 숙소나 아파트먼트도 호텔처럼 등록한 경우도 많다. 이 경우 체크인 가능 시간, 24시간 리셉션 여부를 반드시 확인해야 한다.

FAQ 5 환전은 어떻게 하면 되나요?

말레이시아의 화폐는 '링깃'

코타키나발루에서는 말레이시아의 화폐인 링깃 Ringgit을 사용한다. 동전(센트; sen)과 지폐(링깃; RM)로 구성돼 있으며, 지폐는 얇은 플라스틱 재질로 되어 있다. 1링깃의 경우 지폐와 동전이 모두 있다.

화폐 기호 : RM

지폐 : RM1, RM5, RM10, RM20, RM50, RM100(6종)

동전 : 1sen(RM0.01), 5sen(RM0.05), 10sen(RM0.10), 20sen(RM0.20), 50sen(RM0.50), RM1

・말레이시아 환율
1링깃(RM) = 한화 302원(2019년 12월 기준)

현지에서 한화를 환전할 수 있다

코타키나발루의 환전소에서 한국 지폐를 말레이시아 링깃으로 환전할 수 있다. 한국인 여행객이 많아 환율도 좋은 편이다. 한국 은행에서 미리 링깃으로 환전하거나 달러를 이중환전할 필요가 없다. 코타키나발루 공항 환전소보다는 시내의 환전소가 환율이 더 좋다. 1만 원과 5만 원 간에 환율 차이는 없어 편리하다.

※ 코타키나발루 공항에 도착해서 유심을 구입하거나 택시를 타려면 링깃이 필요하다. 한국 비행기는 심야에 도착하기 때문에 공항 내 환전소는 이미 문을 닫는 상태. 100~200링깃 정도는 미리 한국에서 환전해오거나 공항 도착층의 ATM에서 체크카드를 이용해 인출하자.

달러를 직접 받는 곳은 없다

서양 여행자들이 많이 찾는 다른 국가의 관광지에서는 달러가 직접 통용되기도 한다. 하지만 코나키나발루에서는 달러를 거의 사용할 수 없다. 간혹 다른 여행에서 남은 달러를 사용하고자 한다면 다시 링깃으로 환전해야 한다.

신용카드와 체크카드를 준비하자

코타키나발루의 일반 식당이나 상점에서는 신용카드를 사용할 수 있는 곳이 적다. 대형 프렌차이즈 식당과 슈퍼마켓, 정식 등록된 숙소에서는 사용이 가능하다. 또한 비상시에는 ATM에서 현금서비스도 받을 수 있다. 해외에서 사용할 수 있는 카드(VISA, MASTER, AMEX 등)로 준비하자.

주의! 해외에서 카드 결제 시에는 원화로 결제하지 않는다. 실제 금액보다 3~8%가량 더 높게 원화결제 서비스 수수료(DCC)가 발생한다. 현지 화폐인 링깃(RM)으로 청구된 영수증에만 사인한다.

> **Tip 쌓여가는 동전 없애기**
> 링깃으로 거스름돈을 받다 보면 1링깃보다 작은 액수의 동전(sen)이 계속 남는다. 동전이 모이면 편의점이나 슈퍼마켓에서 물품을 구입할 때 사용해버린다.

> **Tip 인출수수료가 저렴한 체크카드**
> 우리은행의 우리 ONE 체크카드를 'EXK' 마크가 붙은 ATM에서 사용하면, 네트워크 수수료가 면제되고 은행 수수료도 저렴하다. 코타키나발루의 Hong Leong Bank, CIMB, RHB 은행의 ATM에서 사용할 수 있다. 하나은행의 비바+/비바2/비바G 체크카드도 이용 금액의 1%만 인출 수수료로 내기 때문에 여행자들에게 인기가 있다.

코타키나발루의 환전 포인트

공항 환전소를 제외하고는 환전소마다 환율 차이가 큰 편은 아니다. 항상 환율이 가장 좋은 환전소가 있기는 하지만 소액을 환전하면서 동선에서 먼 환전소에 굳이 교통비를 들여가면서 찾아갈 필요는 없다.

> **Tip** 환전 시 유의사항
> 환전을 할 때는 그 자리를 떠나기 전에 반드시 금액을 확인해야 한다. 환전소 직원이 보는 앞에서 한장 한장 지폐를 세어가면서 바로 확인하는 것이 좋다.

추천! 위스마 메르데카 Wisma Merdeka
쇼핑몰 1층 환전소들

0.1이라도 환율이 더 좋은 곳을 찾는다면 이곳으로 가야 한다. 코타키나발루 시내에 있는 오래된 쇼핑몰이지만 환율이 매우 좋다. 특히 한화 환율이 좋기로 유명해 교민들이 추천하는 곳이다. 건물 1층으로 들어가면 통로 사이에 5개 이상의 환전소들이 있다. 실내 구조가 다소 복잡하지만 찾기 어렵지 않다. 몇 군데 비교해보고 환전하면 된다. 단점은 다른 환전소보다 일찍 문을 닫는다는 것!

지도 P.66-D **주소** Wisma Merdeka, Jln Tun Razak **운영** 09:00~18:00

이마고 몰 Imago Mall
쇼핑몰 지하층 환전소

이마고 몰은 현재 코타키나발루에서 가장 인기 있는 쇼핑몰이다. 지은 지 얼마 안 되었고 시설도 좋아서 우리나라 백화점처럼 쾌적하게 쇼핑할 수 있다. 이곳의 지하 1층에 환전소가 있다.

환율은 그다지 좋지 않지만 시내로 나갈 일정이 없다면 이곳을 이용하는 것도 나쁘지 않다.

지도 P.52-C **주소** Imago Mall, KK Times Square Phase II **운영** 10:00~22:00

수리아 사바 Suria Sabah
쇼핑몰 지하 환전소

시내 안쪽에 위치한 가장 크고 깨끗한 쇼핑몰이다. 위스마 메르데카 쇼핑몰에서 도보 5분 거리에 있는데, 이곳 지하에 환전소가 있다. 위스마 메르데카 쇼핑몰의 환전소들이 밤에는 문을 닫기 때문에 늦은 시간에 시내에서 환전하고자 한다면 이곳이 적당하다.

지도 P.66-B **주소** 1, Jalan Tun Fuad Stephens **운영** 10:00~22:00

FAQ 6 챙겨야 할 여행 준비물은?

필수 여행 준비물

체크	준비물	
✓	여권	사진이 있는 부분을 복사해서 2~3장 따로 보관해두고, 여권용 사진도 몇 장 챙긴다.
	항공권	애플리케이션 상에서 예약번호를 확인하고 웹 체크인도 한다.
	여행경비	현금, 신용카드, 현금카드 등을 빠짐없이 준비한다.
	각종 증명서	국제운전면허증&국내운전면허증, 국제학생증, 여행자보험 등
	가이드북	여행을 보람차게 만들어주는 가이드북을 꼭 챙긴다.
	여행가방	여행 일정에 따라서 적당한 크기의 캐리어를 선택한다.
	보조가방	가볍게 들고 다닐 수 있는 작은 가방을 준비한다.
	자물쇠	가방 크기와 종류에 맞춰서 준비한다.
	옷 & 신발	코타키나발루의 더운 기후에 맞춰서 옷과 신발을 준비한다.
	속옷 & 양말	더운 나라라 땀이 많이 나므로 속옷은 넉넉하게 준비한다.
	수영복	해변과 리조트를 위한 필수품.
	수건	호스텔에 묵을 예정이라면 스포츠 타월 형태로 준비한다.
	세면도구 & 용품	좋은 숙소에서 머무르면 샴푸, 샤워젤, 비누는 걱정 없다. 그 외 칫솔 치약을 준비한다.
	화장품	꼭 필요한 만큼만 작은 용기에 담아서 가져갈 것.
	모자	햇빛을 막는데 유용하다.
	선글라스	강한 햇빛에서 눈을 보호하기 위해서 필요하다.
	자외선차단제	햇빛이 강렬하기 때문에 피부가 쉽게 그을린다. 귀찮다고 건너뛰지 말 것.
	우산	3단으로 접는 가벼운 우산을 준비한다. 해와 소나기를 피하기 위한 필수품.
	가방용 커버	가방도 보호하고 패션 아이템도 된다. 특히 우기에 여행할 때 유용하다.
	스마트폰	손에서 떨어지지 않게 고리를 달면 좋다.
	카메라	메모리카드와 배터리, 충전기 등을 챙긴다. 잘 작동하는지 출발 전 꼭 확인한다.
	방수팩	자신의 스마트폰과 카메라에 맞는 방수팩을 준비한다.

가져가면 편리한 여행 준비물

체크	준비물	
	비상약품	감기약, 진통제, 소화제, 반창고 등 기본적인 약품은 코타키나발루에서도 쉽게 살 수 있기 때문에 자신에게 잘 맞는 제품만 가져간다.
	생리용품	역시 구하기는 쉽지만 평소 자신이 사용하던 것을 챙기면 좋다.
	지퍼백	젖은 빨랫거리나 남은 음식 보관 등 용도는 무궁무진하다.
	물티슈	작은 것으로 준비하면 급할 때 쓸 일이 생긴다.
	전대	도미토리를 주로 이용할 여행자라면 여권과 현금 보관용으로 준비한다.

> **Tip 멀티 어댑터는 필수!**
> 말레이시아는 한국과 다른 3핀식 전기 플러그를 사용하기 때문에 어댑터가 꼭 필요하다. 멀티 어댑터로 준비하면 걱정 끝. 미리 준비하지 못했다면 현지 편의점과 상점에서도 구입할 수 있다. 일부 숙소에서는 대여도 가능. 한국식 플러그를 꽂을 수 있는 콘센트가 있는 숙소도 간혹 있다.

FAQ 7 어떤 옷을 준비해야 할까요?

여름용 휴가 복장으로 준비하자
우리나라의 여름철 날씨를 기준으로 입을 만한 얇은 옷들을 준비한다. 햇빛을 가릴 수 있는 디자인이라면 금상첨화. 해변에서 입을 옷과 고급 레스토랑에 갈 때 입을 옷, 리조트에서 입을 옷과 트레킹을 할 때 입을 옷 등 상황에 맞는 옷을 따로 챙겨놓자.

갑작스러운 기온 변화에 대비하자
쇼핑몰이나 비행기에서는 냉방 온도가 낮다. 이를 대비해 간편하게 몸 위에 걸칠 수 있는 겉옷을 준비하면 좋다. 스카프나 얇은 카디건, 남방, 점퍼 등을 챙기면 좋다.

이슬람 사원에서는 복장 규정이 있다
코타키나발루의 일반 관광지역에서는 외국인 여행자들에 대한 복장 제한이 없다. 하지만 이슬람 사원 안에 들어갈 때는 복장 규정을 따라야 한다. 짧은 바지나 치마, 민소매 복장으로는 출입 금지. 여자들은 머리를 가리는 스카프도 착용해야 한다. 복장이 조건에 맞지 않을 경우 사원 입구에서 몸을 가릴 수 있는 가운과 스카프를 유료로 대여할 수 있다.

특급 호텔의 드레스코드, 스마트 캐주얼
고급 호텔이나 리조트에 묵는다면 드레스코드에도 신경을 쓸 것. 특히 호텔 부설 레스토랑을 이용할 때는 '스마트 캐주얼'이 기본 드레스코드다. 추리닝에 슬리퍼가 아니라 면바지에 앞이 막힌 신발을, 글자가 박힌 티셔츠보다는 타이를 메지 않은 셔츠나 폴로 셔츠를, 여기에 캐주얼 재킷이나 세련된 니트를 매치한다. 절대 투숙객에게 강요하지는 않지만 직원들의 대우가 달라진다.

FAQ 8 스마트폰은 로밍해야 할까요?

현지에서 유심을 구입할 수 있다

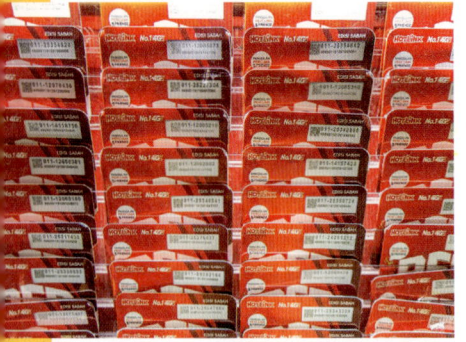

말레이시아 현지 통신사의 선불형 유심을 구입하면 데이터 로밍보다 저렴하게 데이터를 사용할 수 있다. 말레이시아 통신 회사인 맥시스 maxis(핫링크 Hotlink)나 디지 digi를 이용하면 무난하다. 코타키나발루 공항 도착층에 있는 각 통신사 대리점에서 구입할 수 있으며, 한국 비행기가 도착하는 새벽 시간까지 운영한다. 두 회사의 옵션과 가격은 유사한 편이고, 가장 팔리는 여행자용 유심의 경우 사용기간은 7일 정도이다. 유심 구입 시 여권을 요구하며, 세팅까지 직접 해준다.

※ 유심을 교체하면 한국에서 사용하던 번호가 아닌 새로운 현지 번호로 등록된다. 카카오톡 등 인터넷 메신저는 로그인하면 그대로 사용할 수 있다.

[말레이시아 통신 서비스]
[맥시스 핫링크 Hotlink] 요금 전화 5분+인터넷 13GB RM20 홈페이지 www.hotlink.com.my
[디지 digi] 요금 인터넷 8GB RM16, 전화 20분+인터넷 9GB RM20 홈페이지 new.digi.com.my

> **Tip** 유심 구입 팁
> 그랩과 같은 차량 공유 시스템을 원활하게 이용하려면 통화+데이터 옵션으로 구입하는 것이 좋다. 기사들이 손님을 찾기 위해서 메시지 뿐만 아니라 통화 기능도 종종 사용한다.

한국에서 글로벌 유심을 구입한다

한국에서 직접 코타키나발루에서 쓸 수 있는 유심을 구입할 수 있다. 이 경우 한밤중에 현지 공항에서 내려서 유심 대리점을 찾을 필요 없이 곧장 숙소로 갈 수 있어 편리하다. 일부 유심의 경우 코타키나발루가 있는 말레이시아뿐만 아니라 싱가포르, 인도네시아 등 인근 국가에서도 사용할 수 있으므로 여러 동남아시아 국가를 한 번에 여행하는 사람에게 유용하다. 인천공항에서 수령하거나 택배를 통해서 수령하고 직접 설치해야 한다. 비용은 4GB에 약 1만 원 정도.

홈페이지 인터콜 www.globalmobile.co.kr, 말톡 store.maaltalk.com

제일 편리한 데이터 로밍

한국에 있는 사람과 긴밀하게 전화 연락을 주고받아야 한다면 현재 사용 중인 통신사의 데이터 로밍을 신청해야 한다. 무료 와이파이를 찾아다닐 필요 없이 언제 어디에서나 편안하게 인터넷을 사용할 수 있다. 하루 1만 원 정도로 데이터를 무제한으로 이용할 수 있는 데이터 로밍 요금제를 이용한다.

홈페이지 SK텔레콤 www.tworld.co.kr/roaming, KT roaming.olleh.com, LG유플러스 www.uplus.co.kr

숙소와 식당의 무료 와이파이 사용

코타키나발루의 대부분 숙소와 식당, 공항 등지에서 무료 와이파이를 사용할 수 있다. 데이터 요금이 나오지 않도록 현지에 도착하기 전에 스마트폰 설정 화면에서 데이터 로밍을 비활성화시킨다.

FAQ 9 영어는 잘 통하나요?

코타키나발루의 공용어는 말레이시아어

코타키나발루는 말레이시아의 한 지역으로, 말레이시아어(혹은 말레이어)를 공용어로 사용한다. 말레이어는 말레이 대륙의 말레이족이 사용하던 언어로서 현재는 말레이시아 외에도 인도네시아, 브루나이, 싱가포르도 공용어로 사용하고 있다.

관광지나 식당에서는 영어 사용이 일반적

말레이시아는 말레이어를 공용어로 사용하지만 말레이계, 중국계, 인도계 등 다양한 민족마다 고유의 언어도 사용한다. 이런 다문화적인 배경 덕분에 영어 사용 또한 모두 익숙하다. 작은 규모의 식당이라도 간단한 메뉴를 주문하거나 계산할 때 정도로 영어로 소통이 가능하다. 서로 능숙하지는 않더라도 단어 몇 개만 알고 있으면 충분히 의사 전달을 할 수 있다.

메뉴는 말레이어로 된 것이 많다

영어 설명을 병기하는 곳도 있지만 말레이 단어로 된 음식 이름만 사용하는 경우가 더 많다. 몇 가지 말레이 대표 단어들만 알아두면 길게 영어로 해석해 놓은 것보다 더 쉽게 이해된다.

> **Tip** 메뉴판에서 배우는 말레이어
>
> **재료** : Nasi(나시, 쌀) Mie(미, 면) Babi(바비, 돼지고기), Ayam(아얌, 닭), Sapi(사삐, 쇠고기), Ikan(이깐, 생선) Sotong(소통, 오징어), Bebek(베벡, 오리) Udang(우당, 새우)
>
> **양념** : Sambal(삼발, 양념) Saos(싸오스, 소스), Manis(마니스, 달콤한), Pedas(쁘다스, 매운), Terasi(뜨라시, 멸치액젓), Belacan(블라찬, 새우 페이스트)
>
> **요리법** : Goreng(고랭, 튀기기) Bakar(바까르, 굽기) Rebus(르부스, 삶기) Sop(솝, 수프)

중국어 읽기는 제각각

맛집이 많은 중국계 식당은 식당 이름부터 메뉴까지 한자를 사용하는 곳이 많다. 중국어를 독음한 로마자 표기 역시 제각각, 읽는 법도 주인장의 출신 지역에 따라 달라진다. 중국계 말레이시아인과 만났을 경우 서툰 말레이어로 인사를 건네기 보다는 영어를 사용하는 것이 낫다.

FAQ 10 알아두면 좋은 말레이시아어 회화는?

1 satu 사뚜
2 dua 두아
3 tiga 띠가
4 empat 음빳
5 lima 리마
6 enam 언남
7 tujuh 뚜주
8 delapan 들라빤
9 sembilan 슴빌란
10 sepuluh 스뿔루
100 seratus 스라뚜스
1,000 seribu 스리부
10,000 sepuluh ribu 스뿔루 리부
100,000 seratus ribu 스라뚜스 리부
1,000,000 sejuta 스주따

안녕하세요.
(아침)Selamat pagi 슬라맛 빠기
(점심)Selamat siang 슬라맛 시앙
(오후)Selamat sore 슬라맛 소레
(저녁)Selamat malam 슬라맛 말람
(잘 때) Selamat tidur 슬라맛 띠두르

어서 오세요.
Selamat datang 슬라맛 다땅
안녕히 가세요.
Selamat jalan 슬라맛 잘란
안녕히 계세요.
Selamat tinggal 슬라맛 띵갈
안녕(건강)하시죠?
Apa Kabar ? 아빠 까바르?
안녕(건강)합니다.
Baik-baik saja 바익 바익 사자
감사합니다.
Terima Kasih 뜨리마 까시
천만에요. Sama sama 사마사마
실례합니다. Permisi 쁘르미시
죄송합니다. Maaf 마아프

괜찮습니다.
Tidak apa-apa 띠닥 아빠아빠
예 Ya 야 / 아니오 Tidak 띠닥
있다. Ada 아다
없다. Tidak ada 띠닥 아다
좋다. Baik 바익
좋지 않다. Tidak baik 띠닥 바익

이름이 뭔가요?
Siapa nama anda? 시아빠 나마 안다?
제 이름은 ~
Nama saya ~ 나마 사야 ~
저는 한국인입니다.
Saya orang Korea 사야 오랑 꼬레아
저는 한국에서 왔습니다.
Saya dari Korea 사야 다리 꼬레아

(이것은)얼마에요?
Berapa (ini)? 브라빠 (이니)?
이것(저것)은 무엇인가요?
Apa ini(itu)? 아빠 이니(이뚜)?
비싸요(싸요).
Mahal(Murah) 마할(무라)
가격을 깎을 수 있나요?
Boleh kurangi haraganya?
볼레 꾸랑이 하르가냐?
깎아 주세요. Minta kurangi 민따 꾸랑이
영수증 주세요. Minta bon 민따 본
정말 맛있어요 Enak sekali 에낙 스깔리

> **Tip** 서바이벌 식당 영어
>
> 2명 예약하고 싶습니다. I would like to make a reservation for two person.
> 메뉴판 주세요. Please bring me the menu.
> 추천 음식이 뭔가요? What dish do you recommend?
> 이것은 제가 주문한 거 아니에요.
> This is not what I ordered.
> 계산서 주세요. Check, Please

FAQ 11 코타키나발루는 안전한가요?

혼자 다녀도 안전한 치안 상태
말레이시아는 동남아시아 지역에서는 손꼽힐 정도로 안전한 치안 상태를 보여준다. 코타키나발루도 예외는 아니어서 대형 범죄에 대한 별다른 걱정 없이 여행할 수 있다. 여성 여행자나 가족 여행자들에게도 추천할 수 있는 여행지이다. 단 일반적인 관광지의 주의사항과 마찬가지로, 밤늦은 시간에 으슥한 골목을 다니지 말고 낯선 이가 건네는 음식을 먹거나 섣불리 따라가지 않는 기본행동지침은 지키자.

관광객들을 대상으로 한 날치기 주의
워낙 관광객들이 많은 만큼, 관광객을 대상으로 한 경범죄는 발생할 수 있다. 야시장이나 일요일 시장처럼 사람이 매우 붐비는 지역에서는 소매치기를 주의해야 한다. 이런 곳에 방문할 때는 짐은 최소화하고 지갑은 가져가지 않는 것이 좋다. 또한 시내 거리를 걸을 때 오토바이 날치기를 조심한다. 눈에 띄는 가방이나 핸드백은 피하며 가방은 크로스로 매도록 한다.

자들과 부딪히는 일들도 드물다. 단 국교가 이슬람교인 이슬람 문화권이기 때문에 이들의 문화를 존중해주는 태도가 필요하다. 술을 마시지 못하는 말레이계 주민들에게 술이나 돼지고기를 권하는 행위는 하지 않아야 한다.

도로를 횡단할 때 조심할 것
코타키나발루 시내는 차량의 교통량이 매우 많다. 특히 차량 이동 방향이 우리나라와 반대 방향이기 때문에 주의가 필요하다. 현지 주민들은 거리에서 빈번하게 무단 횡단을 한다. 길을 건널 때는 항상 오른쪽부터 살펴볼 것! 가능한 신호등에서 건너고 꼭 무단 횡단해야 할 경우 현지인들을 따라가는 편이 좋다.

이슬람 문화를 존중할 것
말레이시아는 주민들의 성격도 온화해서 여행

> **Tip** 여권 분실 시 가장 신경 쓸 것
> 코타키나발루에는 대한민국 영사관이 없기 때문에, 여권을 분실하면 말레이시아의 수도인 쿠알라룸푸르에 있는 한국 대사관까지 가야 한다. 따라서 다른 어떤 물건보다도 여권을 분실하지 않도록 주의해야 한다.

여권을 잃어버리면
1. 여권 분실을 대비해 여권 복사본과 여권용 사진 2매를 챙겨서 간다.
2. 여권을 분실한 경우 가까운 경찰서를 찾아가 경찰신고서를 작성한다.
3. 쿠알라룸푸르에 있는 말레이시아 주재 한국 대사관을 방문해 경찰신고서와 여권용 사진, 귀국 항공권으로 여행증명서혹은 단수 여권을 발급받는다(당일 처리).
4. 푸트라자야로 이동, 이민국 도장을 받는다.
5. 쿠알라룸푸르 또는 코타키나발루에서 한국으로 돌아온다.

말레이시아 주재 한국 대사관
주소 No.9&11, Jalan Nipah Off Jalan Ampang 55000, KL **TEL** [평일] 03-4251-4904(영사과), 03-4251-2336(대사관), 긴급 연락(사건사고) 017-623-8343, (영사민원) 016-381-9940/ 014-388-1599/ 016-262-1377 **운영** 월~금, 08:30-17:00(12:00-13:30 점심시간) **홈페이지** www.mys.mofa.go.kr

INFORMATION
코타키나발루 도시 정보

말레이시아 국기

사바주 주기

코타키나발루는?
말레이시아의 사바 Sabah주의 주도이다. 말레이시아 본토의 동쪽, 보르네오 섬에 있다. 사바 주 최대의 도시로서 경제, 관광의 중심 도시이다.
※ 말레이시아 사람들은 코타키나발루를 흔히 KK 케이케이로 줄여서 부른다. 말레이시아의 수도인 쿠알라룸푸르는 KL 케이엘이라고 한다.

시차는?
우리나라보다 1시간 느리다(GMT+8).

크기는?
보르네오 섬의 북서쪽 해안에 위치해 있으며, 전체 면적은 약 351㎢이다. 경기도 성남시나 경상남도 창원시 정도의 크기이다.

인구는?
2010년 기준 약 45만 명 정도이다. 말레이족과 두순, 무룻족 등 소수민족을 합해서 55%이고, 중국인이 20%로 단일 민족으로는 가장 비중이 크다, 비 말레이 국적자가 25%로 비중이 꽤 높은 편이며, 말레이시아 본토와는 달리 인도인의 비중이 1%가 되지 않는다.

언어는?
말레이시아어가 공용어이며 소수민족들은 자신만의 방언을 가지고 있다. 중국계들은 북경어뿐만 아니라 광동어, 하카어 등 출신 지역의 중국어를 폭넓게 사용한다.

종교는?
국교가 이슬람교로 말레이시아 인구의 약 60%가 믿고 있다. 종교의 자유가 있다.

역사는?
15세기까지 부르나이 제국의 지배를 받던 땅이었다. 19세기, 영국의 북보르네오 회사가 가야 섬에 정착촌을 세우면서 도시의 역사가 시작된다. 처음에는 아피아피라는 이름을 사용하다가 회사 부회장의 이름을 따서 제셀톤으로 불렸다. 보르네오 섬에서 가장 중요한 항구로 발전했다. 1946년 북보르네오의 수도가 되고, 1963년, 영국으로부터 독립해 말레이시아에 편입된 이후 코타키나발루로 변경되었다.

기후는?
적도 부근에 있어서 기온이 높고 습한 열대성 기후이다. 1년 평균기온은 27도 정도, 5월에서 11월에는 한 달에 약 200mm 이상의 비가 온다. 1월에서 4월은 비가 적고 건조한 날씨를 보이는데, 1월이 가장 시원하고 4월이 가장 덥다.

통화는?
말레이시아 링깃(RM). 지폐는 100, 50, 20, 10, 5, 1링깃짜리가 있고, 동전은 1링깃과 50, 20, 10, 5, 1센트(sen)가 있다.

비자는?
한국인은 관광 목적으로 입국할 경우 90일 동안 무비자로 여행할 수 있다. 단 유효기간 6개월 미만의 여권을 소지하거나, 귀국 항공편이나 제3국 교통편이 없을 경우 입국 거부될 수도 있다.

전압은?
전압은 우리나라와 비슷한 200~240V, 50Hz 지만, 플러그 모양이 달라서 어댑터가 필요하다. 3핀 방식 사용한다.

전화는?
국가 번호 +60, 도시 지역 번호 089.

ACCESS
코타키나발루 입국 정보

1. 코타키나발루 들어가기

인천과 대구, 부산에서 출발하는 코타키나발루행 직항 노선이 있어 편리하다. 뿐만 아니라 쿠알라룸푸르, 페낭 등 말레이시아 각지에서 코타키나발루로 가는 국내선 노선도 많다.

우리나라에서 출발하는 국제선

코타키나발루행 직항 노선을 운항하는 항공사들이 많다. 인천 공항에서는 에어서울, 진에어, 이스타항공, 제주항공이 직항 노선을 운영한다. 부산의 김해 공항에서는 이스타항공과 에어부산의 노선이 있다. 2019년 5월부터 에어부산이 대구 공항에서 코타키나발루로 가는 항공편을 취항했다. 특히 직장인들은 수요일이나 목요일 저녁에 출발하여 일요일이나 월요일 아침에 돌아오는 패턴을 가장 선호한다. 4박 6일이나 3박 5일 일정의 할인 항공권이 자주 풀리는 편이니, 항공사나 여행사 홈페이지를 체크해보자.

워낙 저렴한 국제선 직항 노선이 많기 때문에 환승 노선을 이용하는 여행자들은 많지 않다. 싱가포르 항공이나 캐세이퍼시픽 항공, 에어아시아 모두 3~6시간 환승 대기를 해야 하므로 코타키나발루만 방문할 예정이라면 불편하다. 코타키나발루와 다른 도시를 함께 여행할 때 고려해보자.

인근 국가에서 출발하는 국제선

코타키나발루가 있는 보르네오 섬 주위에는 인도네시아와 필리핀, 브루나이 등 가까운 동남아 국가들이 많다. 이들 사이를 연결하는 주요 교통수단이 바로 비행기. 일반인들도 장거리 버스를 타는 것처럼 국제선을 즐겨 타며, 거리가 가까운 만큼 가격도 그리 비싸지 않다.

휴가가 짧은 직장인들은 코타키나발루만 왕복하는 것도 빡빡한 일정이겠지만, 시간적인 여유가 있는 사람이라면 인근 동남아 국가까지 한 번에 여행을 즐길 수 있다. 특히 에어아시아의 프로모션 기간에는 국제선 구간 티켓을 국내선 정도의 저렴한 가격으로 구할 수 있어서 인기를 끌고 있다.

※ **인천→코타키나발루 직항 스케줄**

항공사	출발지, 출발 시각	도착지, 도착 시각	소요 시간
진에어	인천 19:05	코타키나발루 11:15	5시간 10분
제주항공	인천 19:10	코타키나발루 11:20	5시간 10분
이스타항공	인천 19:30	코타키나발루 11:35	5시간 5분
에어서울	인천 19:50	코타키나발루 12:10	5시간 20분

※ **부산→코타키나발루 직항 스케줄**

항공사	출발지, 출발 시각	도착지, 도착 시각	소요 시간
이스타항공	김해 18:40	코타키나발루 10:55	5시간 15분
에어부산	김해 19:00	코타키나발루 11:50	5시간 50분

※ **대구→코타키나발루 직항 스케줄**
(운항일: 화·수·목·토·일요일)

항공사	출발지, 출발 시각	도착지, 도착 시각	소요 시간
에어부산	대구 19:30	코타키나발루 23:50	5시간 20분

※ **항공사별 코타키나발루 노선**
- 에어아시아 : 싱가포르, 마닐라, 자카르타, 선전
- 말레이시아항공 : 홍콩, 타이베이, 퍼스
- 세부퍼시픽항공 : 마닐라

> **Tip 출발 시각과 날짜를 확인하자**
> 우리나라로 돌아오는 비행기 출발 시각이 자정 무렵인 경우가 많다 보니, 날짜 계산을 잘못해서 비행기를 놓치는 경우가 종종 발생한다. 항공권이나 숙박을 예약할 때, 반드시 날짜 확인을 하도록 하자.

코타키나발루 국제공항 Kota Kinabalu International Airport(KKIA)

코타키나발루행 비행기가 도착하는 대표 공항. 말레이시아 국적기인 말레이시아 항공과 에어아시아, 우리나라에서 출발한 제주항공, 이스타항공, 에어서울, 진에어 등 다양한 항공사들이 이용한다. 입국장과 도착 로비는 1층에, 출발 로비는 3층에 있다. 입국심사를 마친 후 짐을 찾아서 도착 로비로 나오면 은행, 택시 티켓판매소, 여행안내소 등의 편의시설이 있다.

2. 공항에서 시내로 이동하기

코타키나발루 공항은 시내 중심에서 남쪽으로 7Km 정도 떨어져 있다. 각자의 목적지와 도착 시간에 맞는 이동 방법을 찾아보자.

그랩으로 시내 가기

그랩 Grab은 말레이시아의 주요 도시에서 사용 가능한 차량 공유 서비스다. 택시에 비해 비용이 저렴한 편이라 코타키나발루를 방문한 여행자들에게 인기가 있다. 공항 근처에서 항상 대기하고 있는 기사들이 많아서 편리하게 이용할 수 있다. 코타키나발루 시내(가야 스트리트)까지 가는 경우 4인 기준 요금이 약 RM9~11 정도. 공항택시 요금에 비하면 1/3 가격이다. 공항에서 멀리 떨어진 시내 외곽의 리조트로 가는 경우에도 유용하다.

CHECK 그랩을 호출할 때는 도착 로비 출입구 밖의 게이트 번호를 기사에게 메시지로 알려주면 편리하다.

Tip 공항에서 그랩 사용할 때 주의할 점 휴대폰에 설치한 애플리케이션으로 차량을 호출한 후 공항의 도착 로비 바깥에서 만나게 된다. 호출된 차량 번호가 표시되지만 기사들이 정확한 위치 파악을 위해 전화나 메시지를 하는 경우가 많다. 전화나 메시지를 통해 자신의 위치를 정확하게 알리려면, 통화와 데이터 통신이 가능한 말레이시아 유심을 장착한 후 호출하는 것이 편하다. 또한 4인 기준이라고 하지만 대부분 소형 차량을 사용한다. 캐리어를 포함하는 경우 3인 정도가 최대 인원이라고 보는 것이 좋다.

택시로 시내 가기

원하는 목적지까지 가는 가장 빠르고 편리한 방법. 다만 이동 거리에 비하면 택시 요금이 조금 높게 책정되는 편이다. 도착 로비에 있는 택시 티켓 카운터에서 목적지에 따라 정액으로 택시 티켓을 판매한다. 티켓을 구입한 후 지정 승차장에서 기다리고 있는 택시를 탄다. 심야(23:50~06:00)에는 50%의 요금이 할증된다.

공항→시내 주요 목적지 택시 요금 코타키나발루 시내/샹그릴라 탄중 아루/수트라하버 RM30(할증 RM45), 샹그릴라 라사 리아 RM90(할증 RM135)

공항버스로 시내 가기

낮 시간에 도착하는 여행자들은 코타키나발루 시내 중심으로 가는 공항버스를 이용할 수 있다. 도착 로비에 공항버스 티켓을 판매하는 카운터가 있다. 하루 12회만 운행하니 반드시 버스 출발시간을 확인한 다음에 티켓을 구입하자. 도착 로비의 출입문 앞에서 기다리고 있으면 정해진 시간에 맞춰서 버스가 온다.

코타키나발루 시내에서는 센터포인트 쇼핑몰 Center Point Sabah 앞 정류장, 호라이즌 호텔 Horizon Hotel 옆 정류장에 선 다음 파당 메르데카 Padang Merdeka 근처에 있는 종점으로 간다. 자신의 숙소와 가까운 정류장에서 내리면 된다. 수트라하버나 샹그릴라 탄중 아루 리조트 등으로는 가지 않는다.

CHECK 시내에서 공항을 갈 때는 파당 메르데카 근처의 종점을 이용하는 것이 좋다. 버스의 짐 칸이 그리 크지 않으니 큰 짐을 실으려면 조금 서둘러야 한다.

공항→코타키나발루 시내행 공항버스
운영 08:00~19:00(약 1시간 간격), 시내 종점까지 약 30분 소요 **요금** 성인 RM5, 어린이(12세 이하) RM3

TRANSPORTATION
코타키나발루 시내 교통 정보

워터프런트와 야시장, 쇼핑몰 등 시내의 주요 볼거리들은 도보 15분 거리 내에 모여 있다. 차량 공유 서비스인 그랩 사용이 가능해지면서 여행자들의 이동이 매우 편리해졌다.

그랩 Grab

우리나라에서는 차량 공유 서비스를 사용할 수 없지만 코타키나발루에서는 그랩 Grab 같은 차량 공유 서비스를 이용할 수 있다. 사용 방법은 우리나라의 카카오택시와 거의 동일하며, 택시에 비해 저렴한 요금이 제일 큰 장점이다.

휴대폰에 해당 애플리케이션을 설치한 후 구글 계정이나 전화번호로 가입을 한다. 지도 위에 출발지와 목적지를 입력한 후 기사를 호출한다. 기사가 호출되면 운전사의 얼굴과 차량 번호가 표시된다. 호출할 때 요금이 미리 결정되기 때문에 바가지를 쓸 염려가 없. 비용은 목적지에 도착한 후 현금으로 내며, 영수증이 이메일로 발송된다.

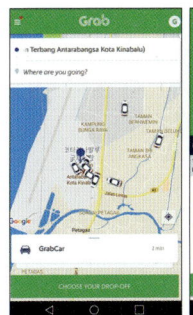 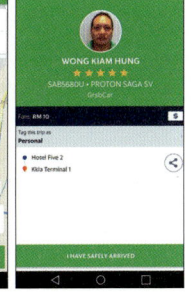

Tip 그랩 이용 시 알아두면 좋은 것들
① 비가 오는 날이나 주말 저녁, 길이 많이 막히는 시간대에는 차량을 찾기가 어려울 수 있다.
② 차량 호출은 휴대폰 애플리케이션을 사용하지만 전화통화나 메시지 등 영어를 써야 할 경우가 많다. 기사와 소통할 기본적인 영어 문장을 생각해둔다.

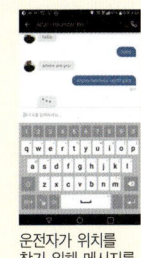
운전자가 위치를 찾기 위해 메시지를 자주 사용한다.

택시 Taxi

시내 곳곳에서 대기 중인 택시를 쉽게 발견할 수 있다. 미터기가 있긴 하지만 외국인 여행자들에게는 대부분의 기사들이 흥정한 요금을 받으려고 한다. 사람들의 이용이 많은 구간에는 암묵적으로 가격이 정해져 있는데, 시내 안에서 이동하는 경우는 RM15, 시내에서 가장 가까운 리조트인 수트라하버로 갈 때는 RM15~20, 시내에서 공항으로 갈 때는 RM30 정도를 받는다. 그 외 외곽으로 가는 경우는 기사와 흥정을 해야 한다. 필요한 경우 숙소에 부탁하면 택시를 불러주기도 한다.

코타키나발루 택시 미터 요금 최초 3km RM10~, 이후 100m당 RM0.12~

Tip 반나절 택시 투어
택시를 하루 또는 반나절 가량 대여해서 시내 외곽의 볼거리들을 둘러볼 수도 있다. 명확한 대여 요금이 정해져 있지는 않지만 보통 2~3시간을 기준으로 RM100~150 정도를 받는다. 기사에 따라서 가격 차이가 나는 편이니 둘러볼 볼거리의 개수나 시간에 따라 흥정을 잘 해야 한다.

시내버스 Bus

코타키나발루 시내 중심과 외곽 지역을 연결하는 버스다. 요금은 거리에 따라 RM1~2.5 정도로 매우 저렴한 것이 장점이다. 단, 좌석이 허름하고 에어컨이 없는 등 버스 시설은 좋지 않다. 버스 요금은 운전기사나 차장에게 내면 된다. 버스의 색깔에 따라서 운행하는 지역이 달라지며, 중형 버스와 미니버스를 모두 사용한다. 파란색은 시내 북쪽, 주황색은 시내 동쪽, 빨간색은 시내 남쪽, 보라색은 시내 남쪽의 마을 지역을 향한다.

시내 북쪽 방향으로 가는 파란색 버스

시내 남쪽 방향으로 가는 빨간색 버스

Tip 와와산 버스 터미널

코타키나발루의 시내버스는 시내 남쪽에 있는 와와산 버스 터미널에서 출발한다. 다만 현재 와와산 버스 터미널은 리뉴얼 공사가 진행 중이다. 시내버스들은 마리나 코트 Marina Court 앞에 있는 툰 푸아드 스테펜 거리의 정류장(지도 P.53-D)과 호텔 샹그릴라 Hotel Shangri-La 앞에 있는 툰쿠 압둘 라만 거리의 정류장(지도 P.53-E)을 임시로 나누어 사용하고 있다. 버스 노선마다 사용하는 정류장이 다르므로 미리 확인할 것.

툰 푸아드 스테펜 거리의 정류장
Jalan Tun Fuad Stephen

노선 번호	대표 행선지
16A	딴중 아루 마을 KAMPUNG TANJUNG ARU LAMA
16C	딴중 아루 해변 TANJUNG ARU BEACH

툰쿠 압둘 라만 거리의 정류장
Jalan Tunku Abldul Rahman

노선 번호	대표 행선지
1A(+ 8C, 8D)	시티 모스크 MASJID BANDARAYA
1C (+1D, 6C)	사바 주 청사 MENARA TUN MUSTAPHA, 말레이시아 사바 대학교 UNIVERSITI MALAYSIA SABAH
6C(+1D, 7B)	노보텔, 원 보르네오 쇼핑몰 1 BORNEO HYPERMALL

시티 버스 City bus

코타키나발루 시가 운영하는 시내 순환 버스로, 루트 A~C까지 3개 코스로 나누어 운행한다. 여행자들은 워터프런트와 시내 북쪽의 제셀톤 포인트 사이를 오고 갈 때 이용할 수 있다. 단, 운행 간격이 긴 편이고 운행 구간의 교통 체증이 심한 편이라 실제 이용하기에는 불편하다.

Kota Kinabalu City Bus 운행 06:00~21:00, 1시간 간격 운행 요금 RM1.5 홈페이지 www.kotakinabalucitybus.com

리조트 셔틀버스 Shuttle Bus

리조트에 숙박하는 경우 리조트 셔틀버스를 이용할 수 있다. 수트라하버 리조트는 이마고 몰과 워터프런트, 위스마 메르데카를 경유하는 셔틀버스를 1일 4회 운행한다(왕복 성인 RM3.2, 어린이 RM1.6). 샹그릴라 라사 리아 리조트에서 코타키나발루 시내를 거쳐 샹그릴라 탄중 아루를 오가는 유료 셔틀버스도 운행한다. 그 외에도 무료 셔틀이나 공항 샌딩 서비스를 하는 호텔들이 많으니 리셉션에 문의해보자. 단, 셔틀버스는 좌석 수가 한정적이라 사람들이 많이 이용하는 시간대에는 시내 정류장에서 탑승하지 못하는 경우가 종종 발생한다.

일일 투어 1 Day Tour

코타키나발루를 방문한 사람들의 필수 코스인 반딧불이 구경 등 시내 외곽의 명소들은 대부분 일일 투어를 신청해서 돌아본다. 투어는 호텔 픽업과 샌딩을 포함하기 때문에 초보 여행자들도 편안하게 즐길 수 있다. 현지 여행사에서 신청할 수도 있고, 예약 대행 사이트나 한인 여행사를 통해 미리 예약할 수도 있다.

Tip 공항 가는 날, 반딧불이 투어 즐기기

한국으로 돌아가는 비행기가 대부분 자정 무렵에 있어서 떠나는 날 오후로 반딧불이 투어를 예약하면 체크아웃 후 시간을 알차게 보낼 수 있다. 14:00~15:00에 픽업해서 투어 후 돌아오면 밤 22:00 정도가 된다. 투어를 예약할 때 공항 샌딩과 비행기 탑승 가능 여부를 꼭 확인하자.

코타키나발루 추천 여행 일정

코타키나발루 4박 6일 표준 코스

바쁜 시간을 쪼개서 만든 코타키나발루 휴가. 다른 사람들보다 더 알차게, 그리고 완벽하게 즐기고 싶다. 시내 거리와 쇼핑몰을 돌아다니면서 맛집, 쇼핑 그리고 마사지를 섭렵하고 스노클링과 섬 투어를 즐겨보자.

일수	주요 여정	세부 일정
DAY1	코타키나발루 도착	[오후] 인천(혹은 김해, 대구) 공항으로 출발 [저녁] 공항 도착, 코타키나발루행 항공편 출발 [밤] 코타키나발루 공항 도착 + 유심 구입 + 숙소 체크인
DAY2	환전 + 투어 예약 + 시내 관광	[오전] 위스마 메르데카에서 환전 + 제셀톤 포인트에서 투어 예약 [오후] 가야 스트리트에서 점심 식사 + 오스트레일리아 플레이스에서 카페 휴식 + 시그널 힐 전망대 구경 [저녁] 딴중 아루 비치에서 석양 감상 + 시내 해산물 식당에서 저녁
DAY3	툰쿠 압둘 라만 공원 스노클링	[오전] 제셀톤 포인트 도착 + 스노클링 투어 출발 [오후] 섬에서 점심 식사 + 스노클링 즐기기 [저녁] 워터프런트에서 저녁 식사 + 야시장 구경
DAY4	만타나니 섬 투어	[오전] 만타나니 섬 투어 출발 + 스노클링 즐기기 [오후] 섬에서 점심 식사 + 스노클링 즐기기 [저녁] 쇼핑몰에서 저녁 식사 + 쇼핑 + 마사지
DAY5	시내 관광 + 반딧불이 투어 + 귀국	[오전] 시티 모스크 방문 + 호텔 체크아웃 [오후] 시내에서 점심 식사 + 카페 휴식 + 반딧불이 투어 출발 [저녁] 투어에서 저녁 식사 + 반딧불이 감상 + 공항 도착 [밤] 코타키나발루 공항 출국
DAY6	한국 도착	[오전] 인천(혹은 김해, 대구) 국제공항 도착

+Plus 표준형 4박 6일 코스, 더 알차게 즐기는 법
- 만타나니 섬 투어 대신에 판단판단 섬, 멍알룬 섬, 세팡가르 섬처럼 유사한 다른 섬 투어로 대체할 수 있다.
- 반딧불이 투어는 위치에 따라 나나문, 뚜아이, 스르방 등 다양한 지역에서 출발할 수 있다. 만타나니 섬 투어와 반딧불이 투어를 하루에 다녀올 수 있는 코스가 있는데, 체력적으로 힘들기 때문에 일정에 여유가 있는 사람들에게는 권하지 않는다.

코타키나발루 4박 6일 여유 코스

힘든 일상을 뒤로 하고 쉬기 위해서 휴가를 왔는데 바쁘게 움직이기는 싫다. 왕복 12시간씩 비행기를 타는 만큼 몸과 마음도 천천히 적응해가면서 휴가를 음미한다. 휴가기간 내내 비싼 리조트에 머물기는 부담스럽지만 하루 정도는 머물면서 호사를 누려보자.

일수	주요 여정	세부 일정
DAY 1	코타키나발루 도착	[오후] 인천(혹은 김해, 대구) 공항으로 출발 [저녁] 공항 도착, 코타키나발루행 항공편 출발 [밤] 코타키나발루 공항 도착 + 유심 구입 + 숙소 체크인
DAY 2	코타키나발루 적응하기 + 반딧불이 투어	[오전] 위스마 메르데카에서 환전 + 제셀톤 포인트에서 투어 예약 [오후] 가야 스트리트에서 점심 식사 + 오스트레일리아 플레이스에서 카페 휴식 + 반딧불이 투어 출발 [저녁] 투어에서 저녁 식사 + 반딧불이 감상
DAY 3	툰쿠 압둘 라만 공원 스노클링	[오전] 제셀톤 포인트 도착 + 스노클링 투어 출발 [오후] 섬에서 점심 식사 + 스노클링 즐기기 [저녁] 워터프런트에서 저녁 식사 + 야시장 구경
DAY 4	리조트 즐기기	[오전] 시내에서 국수/딤섬으로 아침 + 시티 모스크 방문 [오후] 리조트 체크인 + 리조트 수영장에서 휴식 [저녁] 딴중 아루 비치 (혹은 리조트)에서 석양 감상 + 리조트 뷔페 식당에서 저녁 식사
DAY 5	시내 관광 + 쇼핑 + 마사지	[오전] 리조트 조식 + 리조트 수영장에서 휴식 [오후] 체크아웃 + 쇼핑몰에서 점심/쇼핑 + 마사지 [저녁] 시내 해산물 식당에서 저녁 식사 + 공항 도착 [밤] 코타키나발루 공항 출국
DAY 6	한국 도착	[오전] 인천(혹은 김해, 대구) 국제공항 도착

+Plus 휴양형 4박 6일 코스, 더 알차게 즐기는 법
- 2일째 반딧불이 투어는 출국하는 마지막날 저녁에 참여해도 된다. 투어 회사에서 공항까지 드롭 서비스를 제공한다.
- 3일째 툰쿠 압둘 라만 공원 스노클링은 다른 섬 투어로 대체할 수 있다.

코타키나발루 4박 6일 인증샷 코스

여행은 인증샷이다! 코타키나발루 하면 예쁜 해변과 석양 포인트도 빼 놓을 수 없지만 시내 곳곳에 인증샷 명소들이 많다. 코타키나발루를 상징하는 조형물에서 리조트의 선셋바까지, 코타키나발루에서 꼭 담아야 할 풍경들을 사진 속에 담아 멋진 추억을 남겨보자.

일수	주요 여정	세부 일정
DAY 1	코타키나발루 도착	[오후] 인천(혹은 김해, 대구) 공항으로 출발 [저녁] 공항 도착, 코타키나발루행 항공편 출발 [밤] 코타키나발루 공항 도착 + 유심 구입 + 숙소 체크인
DAY 2	시내 인증샷	[오전] 위스마 메르데카에서 환전 + 제셀톤 포인트에서 투어 예약 [오후] 수리아 사바 쇼핑몰 앞 LOVE 조형물에서 인증샷/점심 식사 + 오스트레일리아 플레이스 예쁜 카페에서 인증샷 + 하얏트 호텔 앞 해안 광장에서 I LOVE KK 인증샷 [저녁] 워터프런트에서 저녁/맥주 먹으면서 석양 인증샷
DAY 3	해변 인증샷	[오전] 제셀톤 포인트 도착 + 스노클링 투어 출발 [오후] 섬에서 점심 식사 + 스노클링 즐기며 해변 인증샷 [저녁] 딴중 아루 비치에서 석양 인증샷 + 시내 해산물 식당에서 인증샷
DAY 4	숙소 인증샷	[오전] 가야 스트리트 카야 토스트/올드타운 화이트 커피에서 인증샷 + 숙소 체크아웃 [오후] 리조트 체크인 + 리조트 수영장에서 인증샷 [저녁] 리조트 선셋바(혹은 시내 호텔 루프톱 바)에서 석양과 함께 인증샷 + 리조트 뷔페 식당 즐기면서 인증샷
DAY 5	시내 관광 + 반딧불이 투어 + 귀국	[오전] 리조트 체크아웃 + 시티 모스크에서 히잡 쓰고 인증샷 [오후] 투어에서 점심 식사 + 반딧불이 투어 출발 [저녁] 투어에서 저녁 식사 + 반딧불이 감상 + 공항 도착 [밤] 코타키나발루 공항 출국
DAY 6	한국 도착	[오전] 인천(혹은 김해, 대구) 국제공항 도착

+Plus 사진 중심 4박 6일 코스, 더 알차게 즐기는 법
- 시내 인증샷 포인트는 수리아 사바 쇼핑몰과 가야 스트리트 근처에 모여 있다. 이곳에 맛있는 식당과 카페들도 모여 있으므로 하루 정도 시내를 돌아다니면서 인증샷을 수집해도 좋다.
- 해변에서의 인증샷은 쿤투 압둘 라만 해양공원이나 섬 투어나 크게 차이는 없다. 맑은 수중샷을 찍고 싶다면 시내에서 차량으로 1시간 이상 떨어진 섬들을 추천한다.
- 코타키나발루의 석양은 매일 새롭게 변하므로 워터프런트, 딴중 아루 비치, 루프톱 바 등 다양한 석양 포인트들을 섭렵해보자.

코타키나발루 4박 6일 액티비티 코스

바다와 산, 계곡이 모두 있는 코타키나발루는 액티비티를 사랑하는 사람이라면 빼놓을 수 없는 최고의 휴양지다. 남들도 다 하는 흔하디 흔한 투어로 만족할 때 한 걸음 더 나아가 래프팅, 다이빙 등 이색 액티비티를 하며 코타키나발루를 제대로 즐겨보자.

일수	주요 여정	세부 일정
DAY 1	코타키나발루 도착	[오후] 인천(혹은 김해, 대구) 공항으로 출발 [저녁] 공항 도착, 코타키나발루행 항공편 출발 [밤] 코타키나발루 공항 도착 + 유심 구입 + 숙소 체크인
DAY 2	툰쿠 압둘 라만 공원 스노클링	[오전] 제셀톤 포인트 도착 + 스노클링 투어 출발 [오후] 섬에서 점심 식사 + 스노클링 즐기기 [저녁] 워터프런트에서 저녁 식사 + 야시장 구경
DAY 3	래프팅 (혹은 키나발루 산) 투어	[오전] 숙소 조식 + 래프팅(혹은 키나발루 산) 투어 출발 [오후] 투어에서 점심 식사 + 투어 즐기기 [저녁] 딴중 아루 비치에서 석양 감상 + 시내 해산물 식당에서 저녁 식사
DAY 4	만타나니 섬 + 반딧불이 투어	[오전] 만타나니 섬 투어 출발 + 스노클링 즐기기 [오후] 섬에서 점심 식사 + 스노클링 즐기기 + 반딧불이 투어 출발 [저녁] 투어에서 저녁 식사 + 반딧불이 즐기기
DAY 5	시내 관광 + 반딧불이 투어 + 귀국	[오전] 시티 모스크 방문 + 호텔 체크아웃 [오후] 가야 스트리트에서 점심 식사 + 오스트레일리아 플레이스 카페에서 휴식 + 시그널 힐 전망대 구경 [저녁] 쇼핑몰에서 저녁 식사/쇼핑 [밤] 코타키나발루 공항 출국
DAY 6	한국 도착	[오전] 인천(혹은 김해, 대구) 국제공항 도착

+Plus 액티비티 4박 6일 코스, 더 알차게 즐기는 법
- 3일째 래프팅은 키나발루 산 투어로 대체할 수 있다. 키나발루 산 투어는 공원 지역을 짧게 산책하고 포링 온천 지역도 방문하지만 차량으로 편도 2시간 정도 이동해야 한다.
- 4일째 만타나니 섬 투어는 다른 섬 투어나 가야 섬 다이빙 체험 등으로 대체할 수 있다. 단, 다른 투어로 대체할 경우 반딧불이 투어는 다른 날로 옮겨야 할 수 있다.

코타키나발루 3박 5일 알찬 코스

코타키나발루에 간 목적은 오직 바다, 해변 그리고 스노클링인 여행자를 위한 알짜배기 코스. 섬 투어와 반딧불이 투어를 하루에 즐기면 몸은 고달프지만 3박 5일을 4박 6일 못지 않게 알차게 쓸 수 있어 보람차다.

일수	주요 여정	세부 일정
DAY 1	코타키나발루 도착	[오후] 인천(혹은 김해, 대구) 공항으로 출발 [저녁] 공항 도착, 코타키나발루행 항공편 출발 [밤] 코타키나발루 공항 도착 + 유심 구입 + 숙소 체크인
DAY 2	스노클링 즐기기 + 시내 구경	[오전] 제셀톤 포인트 도착 + 스노클링 투어 출발 [오후] 투어에서 점심 식사 + 스노클링 즐기기 + 시내 카페에서 휴식 [저녁] 딴중 아루 비치에서 석양 감상 + 시내 해산물 식당에서 저녁 식사
DAY 3	섬 투어 + 반딧불이 투어	[오전] 섬 투어 출발 + 스노클링 즐기기 [오후] 투어에서 점심 식사 + 스노클링 즐기기 + 반딧불이 투어 출발 [저녁] 투어에서 저녁 식사 + 반딧불이 감상
DAY 4	시내 관광 + 쇼핑 + 마사지	[오전] 시티 모스크 방문 [오후] 숙소 체크아웃 + 쇼핑몰에서 점심/쇼핑 + 마사지 [저녁] 워터프런트에서 저녁/석양 감상 + 야시장 구경하기 [밤] 코타키나발루 공항 출국
DAY 5	한국 도착	[오전] 인천(혹은 김해, 대구) 국제공항 도착

+Plus 스노클링 투어, 할인 혜택을 살펴볼 것!
제셀톤 포인트에서 투어를 예약할 때 여러 투어를 한번에 예약하면 할인 혜택이 있다. 처음에는 한두 개 가격을 물어보고, 추가로 늘려가면서 할인 혜택이 있냐고 물어본다.

코타키나발루 3박 5일 가족 코스

아이와 함께 떠난 가족 여행이라면 아이들의 취향과 흥미를 우선으로 두게 된다. 보르네오 섬의 민속촌, 마리마리 컬처 빌리지와 리조트 수영장, 스노클링, 반딧불이 투어 등으로 아이들에게 잊지 못할 추억을 만들어 줄 수 있다.

일수	주요 여정	세부 일정
DAY 1	코타키나발루 도착	[오후] 인천(혹은 김해, 대구) 공항으로 출발 [저녁] 공항 도착, 코타키나발루행 항공편 출발 [밤] 코타키나발루 공항 도착 + 유심 구입 + 숙소 체크인
DAY 2	마리마리 컬처 빌리지 투어	[오전] 리조트 조식 + 마리마리 컬처 빌리지 투어 출발 [오후] 투어에서 점심 식사 + 리조트 수영장에서 물놀이 [저녁] 리조트 식당에서 저녁 식사
DAY 3	섬 투어	[오전] 섬 투어 출발 + 스노클링 즐기기 [오후] 섬에서 점심 식사 + 스노클링 즐기기 [저녁] 쇼핑몰에서 저녁 식사 + 쇼핑 + 마사지
DAY 4	시내 관광 + 반딧불이 투어 + 귀국	[오전] 리조트 체크아웃 + 시티 투어(시티 모스크 등 방문) 출발 [오후] 투어에서 점심 식사 + 반딧불이 투어 출발 [저녁] 투어에서 저녁 식사 + 반딧불이 감상 + 공항 도착 [밤] 코타키나발루 공항 출국
DAY 5	한국 도착	[오전] 인천(혹은 김해, 대구) 국제공항 도착

> **Plus** 섬 투어 예약하기
> ● 다른 코스에서는 첫날 제셀톤 포인트로 직접 가서 흥정/예약을 하는 반면, 아이들이 있는 가족이라면 미리 여행사를 통해서 투어를 예약하면 편리하다.
> ● 섬 투어는 보통 배를 타고 섬으로 들어가는 시간만 1시간 정도 걸리는데 아이에게는 부담이 될 수 있다. 아이가 있는 가족이라면 세팡가르 섬처럼 배타는 시간이 짧은 투어를 선택하면 좋다.

코타키나발루 3박 5일 휴양 코스

휴가란 아무것도 하지 않기 위해 떠나는 것. 좋은 휴가를 위해선 좋은 숙소가 필요하다. 멋진 수영장과 해변, 세계 모든 곳의 음식들을 맛볼 수 있는 식당, 오락과 편의시설이 모두 갖춰진 리조트 안에서 완벽한 휴식을 꿈꾸는 여행자를 위한 코스다.

일수	주요 여정	세부 일정
DAY 1	코타키나발루 도착	[오후] 인천(혹은 김해, 대구) 공항으로 출발 [저녁] 공항 도착, 코타키나발루행 항공편 출발 [밤] 코타키나발루 공항 도착 + 유심 구입 + 숙소 체크인
DAY 2	리조트 즐기기 + 시내 구경	[오전] 리조트 조식 + 리조트 수영장 & 해변에서 휴식 [오후] 리조트에서 점심 식사 + 리조트 수영장 & 해변에서 휴식 [저녁] 딴중 아루 비치에서 석양 감상 + 해산물 식당에서 저녁 식사 + 야시장 구경
DAY 3	스노클링 투어 + 리조트 즐기기	[오전] 제셀톤 포인트 도착, 스노클링 투어 출발 [오후] 투어에서 점심 식사 + 스노클링 즐기기 + 쇼핑몰에서 쇼핑 [저녁] 리조트 바에서 석양 감상 + 리조트 식당에서 저녁 식사
DAY 4	리조트 즐기기 + 반딧불이 투어 + 출국	[오전] 리조트 조식 + 리조트 수영장 & 해변에서 휴식 + 체크아웃 [오후] 시내에서 점심 식사 + 시티 모스크 방문 + 반딧불이 투어 출발 [저녁] 투어에서 저녁 식사 + 반딧불이 감상 + 공항 도착 [밤] 코타키나발루 공항 출국
DAY 5	한국 도착	[오전] 인천(혹은 김해, 대구) 국제공항 도착

> **Plus** 리조트, 야무지게 이용하는 법
> ● 대형 리조트에 밤 늦게 도착하면, 룸서비스 외에 식당이나 가게를 찾기 힘들다. 첫날 밤 간식거리는 미리 챙기도록 한다.
> ● 대형 리조트에 묵더라도 머무는 시간이 많지 않은 첫날의 숙소는 리조트 대신 저렴한 숙소를 잡는 것도 현명한 선택이다. 일정이 여유가 있을 경우 2개의 리조트를 즐기는 것도 추천한다.

Sunset of Kota Kinabalu, Tanjung Aru Beach

지역 여행 정보

코타키나발루의 볼거리
코타키나발루의 식당
코타키나발루의 디저트 & 카페
코타키나발루의 쇼핑
코타키나발루의 즐길 거리
코타키나발루의 숙소

ATTRACTION
코타키나발루의 볼거리

워터프런트 주변

워터프런트 Waterfront

수평선 위로 떨어지는 붉은 태양과 황금빛 노을을 바라볼 수 있는 코타키나발루 시내 최고의 관광 명소. 저녁부터 늦은 밤까지 말레이 반도에서 놀러 온 현지인들과 서양인 여행자들까지, 코타키나발루에서 관광객의 밀집 분포도가 가장 높은 곳이라고 할 수 있다. 코타키나발루 시내 중심가의 서쪽 바닷가에 목조데크를 연결해 만들어 놓은 전망 포인트로, 딱히 특별한 시설이랄 것도 없는 소박한 테라스지만 석양의 풍경 자체가 근사한 인테리어가 된다.

약 250m 정도 이어지는 목조데크를 따라 전망을 보며 식사와 술 한잔을 할 수 있는 식당들이 줄지어 있는데, 오가는 관광객들을 호객하기 위해 경쟁이 치열하다. 서쪽에 위치한 만큼 노을이 물드는 해질 무렵이 제일 예쁘면서도 제일 붐빈다. 석양을 바라보며 맥주를 마시려는 서양인 노부부들도 많고, 느지막이 시간에 맞춰 데이트를 나온 현지인 커플들도 많다. 야외 테라스에 앉아 반짝이는 남중국해를 바라보고 있으면 절로 기분이 좋아진다.

지도 P.53-B 주소 Waterfront, Jalan Tun Fuad Stephens 가는 방법 센터 포인트 사바 쇼핑몰에서 바다 방향으로 300m 정도 걸으면 워터프런트가 나온다.

코타키나발루 베스트 석양 명소

그리스 산토리니 섬, 남태평양 피지와 함께 세계 3대 석양으로 꼽힐 만큼 아름다운 코타키나발루의 석양을 만나보자. 보르네오 섬의 서쪽에 자리한 코타키나발루는 바다로 내려앉는 노을을 바라보기에 안성맞춤이다. 어디에서 보면 제일 좋을지, 각자의 정답을 찾아보자.

> **Tip** 코타키나발루에서 예쁜 노을을 만날 조건
> 은은한 파스텔 톤 석양이 하얀 집을 물들이는 산토리니와는 달리, 코타키나발루의 노을은 드라마틱하게 퍼져 있는 구름을 붉은 톤으로 물들이는 게 특징이다. 해가 나오질 않을 만큼 흐린 날씨는 안 되겠지만 얇은 구름이 적당히 하늘에 퍼져 있으면 더 멋진 석양 사진을 찍을 수 있다.

1 딴중 아루 비치

코타키나발루 최고의 선셋 포인트로 꼽히는 해변. 코타키나발루 시내에서도 정서쪽을 바라보는 해변이라 바닷속으로 풍덩 지는 태양을 볼 수 있다. 기나긴 백사장을 바라보며 선셋 칵테일을 마실 수 있는 비치 바들이 바닷가를 따라 이어지는 것도 매력적이다.

2 워터프런트

외국인 여행자들이 가장 즐겨 찾는 선셋 포인트. 시내 중심이라 이동하기에 편하고 식사와 휴식도 겸할 수 있어서 효율적이다. 석양을 바라보는 방향으로 식당과 펍이 줄지어 있는데, 해 질 무렵이면 해피 아워가 진행되기 때문에 석양을 바라보며 저렴한 가격으로 맥주를 즐기기에 좋다.

3 반딧불이 투어

우리나라 여행자들의 필수 코스인 반딧불이 투어에서 바라보는 석양도 놓칠 수 없다. 특히 녹색 정글 사이를 흐르는 강물 위로 내려앉는 석양은 반딧불이 투어에서만 볼 수 있는 낭만. 해 지기 전에는 긴코원숭이를 찾아 강 주위를 배회하다가 해 질 무렵이면 저녁 식사를 하는데, 이때가 제일 예쁜 선셋 타임이다.

4 리조트

수트라하버와 샹그릴라 탄중 아루, 샹그릴라 라사 리아에 묵는 사람이라면 굳이 멀리 가지 않고 리조트에만 있어도 최고의 석양을 볼 수 있다. 코타키나발루에서 가장 잘 정비된 지역이 리조트 안인 만큼, 눈에 거슬리는 것 하나 없이 주변 전경과 멋지게 어우러진 노을을 볼 수 있다. 리조트에 숙박하지 않아도 레스토랑이나 바는 얼마든지 이용할 수 있다.

웻 마켓 Wet Market

코타키나발루의 어선들이 갓 잡아 올린 펄떡거리는 생선들을 구경할 수 있는 시장. 웻 Wet(젖은) 마켓이라는 이름처럼 생선에서 떨어진 바닷물로 시장 바닥이 흠뻑 젖어있다. 전 세계에서 가장 다양한 종이 서식한다는 '코랄 트라이앵글'의 바다답게 신기한 모양의 열대 생선을 구경하는 재미가 있다. 소매 중심이라 둘러 보기에도 편리하다.

코타키나발루 사람들에게 제일 대중적이면서도 인기 있는 어종은 한치처럼 작은 오징어 종류. 말레이시아어로는 소통 Sotong이라고 하며 가격도 아주 저렴하다. 이 오징어를 가져다가 튀기기도 하고 말레이식 매운 양념에 볶아서 먹기도 하는데, 여느 해산물 식당에 가더라도 쉽게 찾아볼 수 있는 메뉴다.

지도 P.53-B 주소 Jalan Tun Fuad Stephens 운영 배 들어올 때부터~21:00 가는 방법 워터프런트에서 해안을 따라 북쪽으로 바로 이어진다.

> **Tip** 시장에서 배우는 말레이어 한 마디
> 시장에 들어가면 끊임없이 들려오는 소리, "사뚜 링깃 사뚜 링깃~" "두아 링깃 두아 링깃~". 생선 1kg당 가격이 RM1 또는 RM2이라며 손님을 부르는 말이다. 사뚜 Satu가 1, 두아 Dua가 2. '이거 얼마예요?'는 '이니 브라빠 Ini Berapa?'라고 한다.

핸드크래프트 마켓 정면에 줄지어 있는 수선집들도 독특한 볼거리 중 하나

핸드크래프트 마켓 Pasar Kraftangan

말레이시아 냄새가 물씬 나는 기념품들을 찾고 있다면 한 번쯤 들러볼 만한 곳. 투박한 목각 장식품과 이곳의 명물인 오랑우탄 인형, 사바 지역을 주제로 한 프린트 티셔츠 등 코타키나발루 여행을 기념할 만한 물건을 구입할 수 있다. 스노클링 투어를 나갈 때 입을 만한 열대풍 사롱이나 친구들에게 가볍게 선물할 만한 열쇠고리를 사기에도 좋다. 인테리어에 관심이 있다면, 다양한 종류의 라탄 바구니와 매트도 구경해보자.

우리나라 여행자들에게 가장 인기 있는 아이템은 이 지역의 특산품인 해수 진주로 만든 액세서리다. 고급스러운 디자인은 아니지만 비교적 저렴한 가격에 진주 목걸이나 진주 비즈를 살 수 있어서 인기다. 가격 흥정도 가능하다.

지도 P.53-B·C 주소 Jalan Tun Fuad Stephens 운영 10:00~22:00 가는 방법 워터프런트에서 해안가를 따라 이어지는 르 메르디앙 호텔 앞 대로를 따라서 북쪽으로 도보 2분.

과일 시장과 건어물 시장 Pasar Ikan Masin

열대 지방으로 여행을 왔다면 빠뜨릴 수 없는 간식거리, 망고를 사러 가보자. 핸디크래프트 마켓에서 센트럴 마켓으로 가는 길에는 두 개의 작은 시장이 연달아 있는데 왼쪽에는 건어물 좌판이, 오른쪽에는 망고와 망고스틴 같은 과일 좌판이 주로 모여 있다. 대부분 Kg당 가격이 표시되어 있어서 여행자들도 사기 편하다는 것이 장점. 두리안 시즌에는 두리안을 판매하는 가판대도 들어선다. 우리 입맛에는 아무래도 망고와 망고스틴이 가장 잘 맞는 과일이니 참고하자.

건어물 특유의 큼큼한 냄새가 가득한 건어물 시장에서는 말레이시아의 국민 음식인 '나시 르막 Nasi lemak'에 들어가는 말린 멸치가 인기다. 구운 오징어를 간식으로 즐기는 사람들답게 오징어나 문어, 해삼을 말려 놓은 제품도 다양하다.

지도 P.53-C 주소 Jalan Tun Fuad Stephens 운영 10:00~22:00 가는 방법 핸디크래프트 마켓의 옆, 도로변 북쪽 코너에 있다.

시장 주위에 늘어선 망고 가판. 크기와 품질에 따라서 1kg에 RM10~25

> **Tip** 잘 익은 망고 고르는 법
> 망고의 꼭지 부분에 맑은 진물이 묻어 있고 껍질이 진한 노란빛이라면 맛있게 잘 익은 망고일 확률이 높다. 손으로 들어봤을 때 살짝 말캉말캉한 느낌이 느껴져야 한다.

센트럴 마켓 Central Market (Pasar Besar)

현지인들이 생필품들을 해결하는 도매 중심의 시장이다. 코타키나발루 사람들이 푸짐한 세 끼 밥상을 차릴 수 있도록 신선한 야채와 다양한 과일들, 단백질의 주요 보충원인 닭과 달걀까지 일상적인 반찬거리들을 판매한다. 말레이시아 사람들이 즐기는 견과류와 전통 과자, 건어물과 향신료 등을 판매하는 좌판도 있다.

여행자들에게는 우리나라에서 흔히 볼 수 없는 야채 등 음식 재료들을 탐험하는 재미가 있다. 또는 우리도 늘 먹고 있는 음식 재료들을 발견하면서 '사람 사는 게 다 비슷하구나'라고 느끼기도 한다. 특히 다양한 종류의 과일이 있는 과일 매장에서는 그때그때 시즌에 따라 두리안, 망고, 파파야 등 알록달록한 열대 과일들을 작은 포장 단위로 구입할 수 있다.

> **Tip** 여행자용 간식 쇼핑
> 센트럴 마켓 길 건너편에 있는 KK 플라자 지하에도 대형 슈퍼마켓이 있다. 커피, 카야잼, 망고젤리 등 간단한 기념품을 쇼핑하기에 편리하다(p.108 참고).

지도 P.53-A 주소 Jalan Tun Fuad Stephens 운영 06:00~18:00 가는 방법 워터프런트에서 해안가를 따라 이어지는 르 메르디앙 호텔 앞쪽 대로를 따라서 북쪽으로 도보 5분.

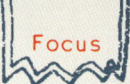

코타키나발루의 야시장

동남아 여행의 묘미는 뭐니 뭐니 해도 야시장. 뜨거운 햇살이 내리쬐는 낮에는 조용하던 거리가 밤늦게까지 북적거리는 풍경을 흔히 볼 수 있다. 코랄 트라이앵글 지역에 위치해 해산물이 풍부한 코타키나발루의 야시장 Kota Kinabalu Night Market은 동남아에서도 유명한 야시장 중 하나다.

> **Tip 필리핀 마켓 야시장**
> 코타키나발루의 야시장은 주차장이나 해변의 공터 등 공간만 있으면 어디에서나 열리지만, 그중에서도 여행자들이 찾아가기 쉬운 곳은 워터프런트와 핸드크래프트 마켓 사이에서 열리는 필리핀 마켓 야시장이다.
> 지도 P.53-B 주소 Jalad Tun Fuad Stephens 운영 17:30~23:30 가는 방법 르 메르디앙 호텔에서 큰길 건너편, 핸드크래프트 마켓의 옆쪽에 있다.

코타키나발루 야시장 이모저모

1 코타키나발루 야시장의 장점
다른 나라의 야시장을 구경해 본 여행자들이 가장 많이 호소하는 불편은 상인들의 지나친 호객 행위인 경우가 많다. 코타키나발루의 야시장에서는 심하게 호객하는 상인들이 없어서 편하게 가판대를 구경할 수 있다.

2 야시장 제대로 즐기는 노하우
- 머리카락과 옷에 숯불 연기가 가득 밴다. 가급적 신경 쓸 필요가 없는 편안한 옷을 입고 가자.
- 해산물 요리는 큰 사이즈보다는 작은 사이즈로 여러 종류를 시키는 것이 실패 확률이 낮다.
- 가능하면 가격표가 붙어 있는 곳을 가자. 주문할 때마다 얼마인지 가격을 다시 확인하는 것이 좋다.

> **Tip 말레이어로 숫자 읽기**
>
> | | | |
> |---|---|---|
> | 0 kosong ≫ 꼬송 | 7 tujuh ≫ 뚜주 | 20 dua puluh ≫ 두아 뿔루 |
> | 1 satu ≫ 사뚜 | 8 lapan ≫ 라빤 | 21 dua puluh satu ≫ 두아 뿔루 사뚜 |
> | 2 dua ≫ 두아 | 9 sembilan ≫ 슴빌란 | 22 dua puluh dua ≫ 두아 뿔루 두아 |
> | 3 tiga ≫ 띠가 | 10 sepuluh ≫ 스뿔루 | 30 tiga puluh ≫ 띠가 뿔루 |
> | 4 empat ≫ 음빳 | 11 sebelas ≫ 스블라스 | 100 seratus ≫ 스라뚜스 |
> | 5 lima ≫ 리마 | 12 duabelas ≫ 두아블라스 | 200 dua ratus ≫ 두아 라뚜스 |
> | 6 enam ≫ 으남 | 13 tigabelas ≫ 띠가블라스 | |

야시장 가판대 구경하기

1 야채 시장
워터프런트에서 필리핀 마켓으로 들어가면 가장 먼저 보이는 것이 바로 야채 시장이다. 저녁이 되기 전 오후 5시부터 문을 열며 장보는 현지인들로 붐빈다. 토마토, 양파, 양배추 등 눈에 익숙한 야채부터 고추, 라임, 생강 등 사바 음식에 빠질 수 없는 향신채까지 모두 볼 수 있다.

2 과일 시장
과일 시장은 필리핀 마켓의 정 중앙에 있으며 야채 시장 바로 옆 열을 차지 하고 있다. 관광객들이 가장 많이 지나가는 곳이기 때문에 한국어로 적어 놓은 과일 이름도 보이고, 한국어로 호객행위 하는 소리도 들을 수 있다. 최고의 인기 품목은 당연히 망고, 품종에 따라 색상과 가격이 다르다.

3 숯불에서 굽는 사테 Satay와 닭 날개 Chicken wing
연기가 뭉글뭉글 피어나는 곳을 찾으면 어김없이 사테나 닭 날개를 굽고 있다. 달짝지근한 소스를 발라서 바싹 구워낸 닭 날개는 관광객들에게 인기 만점. 양념에 재운 고기를 꼬치에 꽂아서 굽는 사테도 야시장의 베스트셀러다.

4 야시장의 해산물 요리
해산물 음식 가판대가 가장 많은 자리를 차지하고 있다. 큼직한 새우나 오징어, 생선 등을 꼬치에 꽂아서 구워놓은 게 제일 흔한 방식. 매콤한 말레이식 소스를 발라서 바나나 잎으로 감싼 다음 굽는 경우도 있다. 대부분의 가게가 초벌구이해 놓은 것을 살짝 다시 데워준다. 관광객들에게 제일 인기 있는 새우구이는 크기에 따라서 가격이 달라지니 주문 시 확인 필수.

5 뷔페처럼 진열해 둔 현지 음식
미리 만들어 놓은 현지 음식을 오픈 뷔페처럼 진열한다. 주인에 따라 인도네시아식/필리핀식/말레이시아식/인도식/중국식 반찬이 많은 곳으로 나뉘는데, 반찬마다 가격은 다르지만 대체로 저렴한 편이다. 말레이 대표 양념인 블라찬(새우 페이스트)을 넣은 것은 짭조름한 감칠맛이 나고, 코코넛과 커리를 사용한 것은 특유의 고소하면서도 칼칼한 향이 난다.

6 간단한 일품요리
하루 일과를 마친 현지인들이 저녁 식사를 해결하는 장소. 말레이시아 사람들이 일상적으로 먹는 국수나 볶음밥 종류가 주요 메뉴다. 미 고랭 Mee Goreng(말레이식 볶음면), 나시 고랭 Nasi Goreng(말레이식 볶음밥) 등으로 한 끼 해결하기에 좋다.

툰구 압둘 라만 해양공원

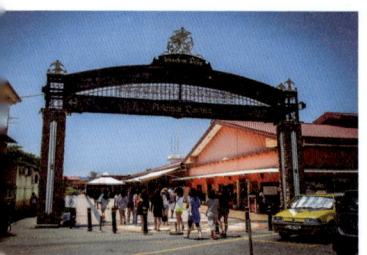

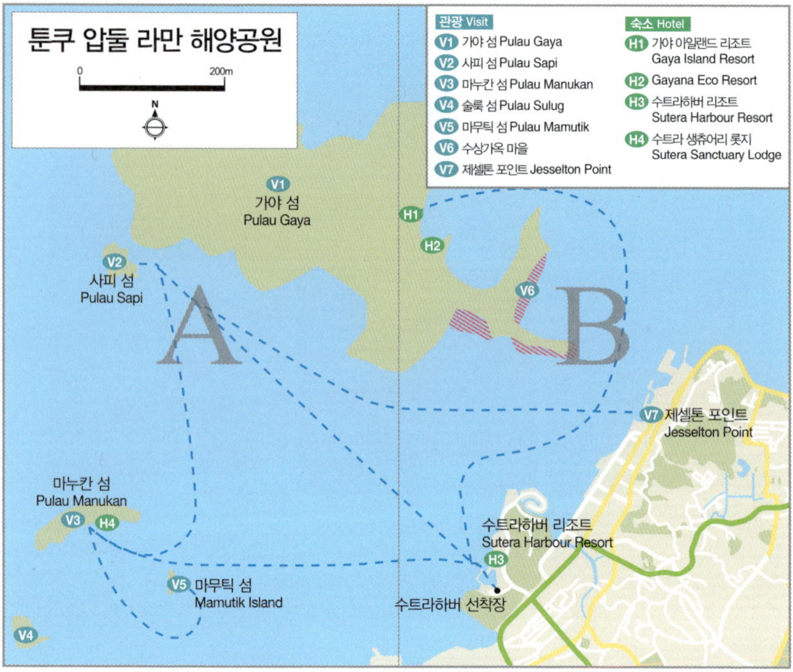
툰쿠 압둘 라만 해양공원
0
200m
N
관광 Visit
V1 가야 섬 Pulau Gaya
V2 사피 섬 Pulau Sapi
V3 마누칸 섬 Pulau Manukan
V4 술룩 섬 Pulau Sulug
V5 마무틱 섬 Pulau Mamutik
V6 수상가옥 마을
V7 제셀톤 포인트 Jesselton Point
숙소 Hotel
H1 가야 아일랜드 리조트 Gaya Island Resort
H2 Gayana Eco Resort
H3 수트라하버 리조트 Sutera Harbour Resort
H4 수트라 생츄어리 롯지 Sutera Sanctuary Lodge
V1 가야 섬 Pulau Gaya
H1
H2
V2 사피 섬 Pulau Sapi
V6
A
B
V7 제셀톤 포인트 Jesselton Point
마누칸 섬 Pulau Manukan
V3
H4
수트라하버 리조트 Sutera Harbour Resort
H3
V5 마무틱 섬 Mamutik Island
수트라하버 선착장
V4

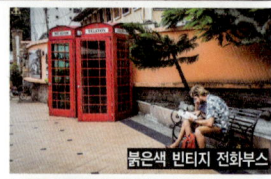

붉은색 빈티지 전화부스

제셀톤 항구의 보트 회사 티켓부스

제셀톤 포인트 Jesselton Point

코타키나발루 앞바다에 떠 있는 섬으로 가는 보트들의 출발 장소다. 시내에서는 스노클링을 할 만한 장소가 마땅치 않기 때문에, 푸른 열대 바닷속을 구경하고 싶은 여행자들은 이곳에서 배를 타고 가까운 섬으로 찾아가 스노클링을 즐긴다. 제셀톤 포인트는 19세기 말 영국군이 보르네오 섬에 최초로 상륙했던 장소로, '제셀톤'이란 이름은 당시 코타키나발루 시내를 부르던 이름이다. 이후 이곳은 코타키나발루의 페리 터미널로 사용되었으며, 지금은 인근 섬으로 가는 보트의 선착장으로 사용되고 있다. 선착장 주위의 카페나 식당에서 전망을 바라보며 시간을 보내기에도 좋다. 선착장으로 가는 길 오른쪽에 있는 매표소 건물 안으로 들어가면 각 섬으로 가는 보트를 운항하는 회사들이 잔뜩 모여 있으니 참고하자.

지도 P.60-A, P.66-A **주소** Jesselton Point, Jalan Haji Saman **전화** +60 88-240-709 **홈페이지** www.jesselton point.com.my **운영** 06:00~22:00 **요금** 무료, 보트 요금은 별도 **가는 방법** 수리아 사바 쇼핑몰 정문 오른편 길을 따라서 도보 5분.

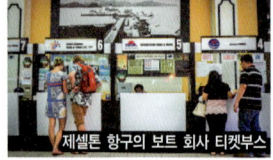

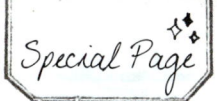

툰쿠 압둘 라만 해양공원
Tunku Abdul Rahman Marine Park

코타키나발루 시내에서는 찾아볼 수 없었던 아름다운 해변을 도시 바로 앞바다에 있는 툰쿠 압둘 라만 해양공원에서 만날 수 있다. 사피, 마누칸, 마무틱, 가야, 술룩 등 5개 섬으로 이루어진 툰쿠 압둘 라만 해양공원은 사바 지역 최초의 국립공원으로 지정되어 보호되고 있다. 푸른 바다와 눈부신 해변, 알록달록한 열대어가 노니는 맑은 바닷속으로 떠나는 스노클링까지, 열대 휴양지의 매력 속으로 떠나보자.

※ 여러 섬을 방문하더라도 국립공원 입장료는 하루 한 번만 내면 된다. 처음 방문한 섬에서 주는 영수증을 버리지 말고 잘 보관하도록 하자.

선착장에 내려서 왼쪽 해변이 스노클링 포인트다.

사피 섬 Sapi Island

5개 섬 중 가장 많은 여행자가 찾는 섬. 수심이 얕고 물이 맑은 편이라 아이들을 동반한 가족들도 편안하게 스노클링을 할 수 있다는 것이 장점이다. 물이 얕은 곳에서도 다양한 산호와 작은 열대어들을 볼 수 있어서 초보자도 즐겁게 스노클링을 즐길 수 있다. 단체 여행객들도 많이 찾는 섬이라 성수기에는 유원지처럼 바글거리는 분위기다. 섬 크기는 5개 섬 중 세 번째로 백사장은 깨끗하고 긴 편이다.

선착장에 내리면 오른쪽에는 화장실과 탈의실, 짐을 둘 수 있는 천막과 간이 BBQ 시설 등이 있고, 왼쪽에는 스노클링 하는 사람들로 붐비는 해변과 매점, 간이 카페 등의 시설이 있다. 여행사마다 나무 그늘에 자리를 차지해 놓고 그곳에 짐을 두도록 하는데, 개별로 간 사람이라면 각자 비치매트를 빌려서 적당한 자리를 찾아야 한다. 지도 P.60-A

Tip 사피 섬 장비 대여료

대여 장비	대여료	보증금	대여 장비	대여료	보증금
마스크+스노클+핀	RM16	RM50	텐트	RM35	RM50
마스크+스노클	RM11	RM40	구명조끼	RM11	RM20
마스크	RM11	RM40	비치매트 싱글	RM6	RM5
핀	RM11	RM40	비치매트 더블	RM10	RM10

마누칸 섬 Manukan Island

사피 섬과 함께 단체 관광객들이 가장 많이 찾는 곳이다. 섬의 남동쪽에 초승달 모양의 해변이 있는데 사피 섬에 비하면 물이 좀 더 깊은 편이고 열대어도 큰 종류가 많다. 패러세일링이나 시 워킹, 제트 스키 같은 해양스포츠 시설도 있어서 우리나라 단체 여행객들이 즐겨 찾는다.

선착장에 내려서 오른쪽에 있는 바다가 다양한 산호들이 모여 있는 스노클링 포인트로, 이쪽 해변에 카페와 매점 등 주요 시설들이 모여 있다. 백사장은 다소 거칠고 폭이 좁은 편인데, 대신 해변 바로 뒤로 나무 숲이 있어서 쉴 만한 장소를 찾기는 편하다. 수트라 생츄어리 롯지 Sutera Sanctuary Lodges와 부설식당도 있으며, 이곳의 런치 BBQ뷔페는 골드카드 이용자와 한국 단체 여행객들의 점심 장소로 애용되고 있다. 지도 P.52-C, P.60-A

맑은 물 위로 길게 이어지는 선착장

수트라 생츄어리 롯지

> **Tip 수트라하버 골드카드가 있다면**
> 수트라하버의 골드카드를 가지고 있다면 카드 이용 기간 중 1회 무료로 이용할 수 있는 마누칸행 왕복 보트와 런치 BBQ뷔페 (12:00~14:30) 혜택을 최대한 활용하자. 새우, 게, 갈비 등의 메뉴가 특히 인기가 높다. 인기 메뉴를 마음껏 먹으려면 뷔페 오픈 시간에 맞춰 방문하자.

마무틱 섬 Mamutik Island

5개 섬 중 가장 자그마한 섬이지만 서양인 배낭 여행객들이 가장 선호하는 섬이다. 해변을 한 바퀴 도는 데 10분이 채 안 걸릴 만큼 규모가 작지만, 하얀 모래 위로 넘나드는 물이 맑고 단체 여행객들이 적은 편이라 한적하다는 것이 장점. 특히 오전 일찍 마무틱 섬에 들어가면 조용한 분위기를 만끽할 수 있다. 해변 가까이는 수심이 얕지만 조금 나가면 절벽처럼 떨어지는 깊은 수심인지라 스킨다이빙까지 즐기는 중급 이상의 스노클링 포인트로 인기가 있다. 선착장 오른쪽에 있는 해변은 파도가 좀 센 편이고 왼쪽으로 있는 얕은 해변이 산호도 많고 스노클링 초보자들에게 좋으니 참고한다. 간단한 음식을 팔고 장비를 대여하는 가게와 다이빙 센터, 탈의실과 화장실, 캠핑장 등이 있다.

지도 P.52-C, P.60-A

마무틱 섬의 선착장

스노클링과 일광욕을 즐기는 서양 여행자들이 많다.

Tip 스쿠버다이빙 자격증 따기
가야 섬에는 한인이 운영하는 다이빙 센터가 있어서, 체험다이빙을 즐기거나 세계 프로 전문 다이빙 강사 협회(PADI)에서 승인하는 스쿠버다이빙 라이선스를 따기에 편리하다. 체험 다이빙 투어를 신청하면 가야 섬 스노클링도 함께 즐길 수 있다.
홈페이지 cafe.naver.com/kkolivahouse

가야 섬 Gaya Island

5개 섬 가운데 가장 큰 섬으로 해변에 몇 곳의 리조트가 들어서 있다. 호핑투어 여행객들을 위한 휴식 환경이 그리 좋은 편은 아니라 스노클링보다는 스쿠버다이빙 교육 장소로 자주 활용된다.
아직까지는 제셀톤 포인트에서 가야 섬으로 들어가는 투어 보트가 그리 많지 않아 단체 여행객들이 적은 편. 그래서 가야 아일랜드와 붕아 라야 리조트, 가야나 에코 리조트에 투숙하는 사람이라면 섬을 전세 낸 것처럼 즐길 수 있다. 큰 섬에는 열대 우림과 맹그로브 숲이 형성되어 있고, 수십km에 달하는 긴 백사장과 수상 가옥 마을도 있다. 지도 P.52-C, P.60-A

동쪽 해변에 있는 수상가옥 마을

> **Tip** 만타나니 투어 체크 포인트
> ☑ 작은 배가 고속으로 움직여 파도에 따라 많이 출렁인다. 뱃멀미를 하는 사람은 멀미약을 반드시 챙길 것.
> ☑ 배로 이동하는 동안 물이 많이 튀기 때문에 수영복을 추천한다. 전자장비 방수도 미리 챙기자.
> ☑ 스노클링 포인트의 수심이 깊은 편이다. 수영에 익숙하지 않은 이들은 구명조끼를 착용한다.
> ☑ 만타나니 투어와 나나문 반딧불이 투어를 하루에 끝내려는 경우, 체력적으로 힘들 수 있다. 긴 차량 이동 시간과 뱃멀미에 대비하고 스노클링에서 무리하지 말 것.

만타나니 섬 Mantanani Island

멋진 포인트를 위해서라면 먼 길도 마다하지 않는 스노클링 마니아들이 코타키나발루에서 가장 아름다운 섬으로 꼽는 곳이다. 선착장까지 가는 데만 버스로 편도 1시간 반에서 2시간, 다시 섬까지 들어가는 보트로 50분이나 걸리지만, '코타키나발루의 몰디브'라고 불릴 만큼 아름다운 풍광을 자랑한다. 투어로 가는 경우, 선착장 근처 해변에서 스노클링을 하는 것이 아니라 섬 근처의 포인트까지 다시 보트를 타고 이동한다. 스노클링 포인트마다 30분 가량 머물며, 점심식사 이후에는 섬에서 자유시간을 보낼 수도 있다. 투어 회사별로 전용 비치의자와 천막, 테이블, 화장실, 샤워실 등의 시설이 있다.

요금 현지 여행사 기준 RM217~(호텔 픽업+왕복 교통+점심BBQ+스노클링 장비 대여 포함) **가는 방법** 제셀톤 포인트에 있는 여행사 부스, 현지 여행사의 홈페이지, 한인 여행사, 한인민박 등을 통해 예약한다.

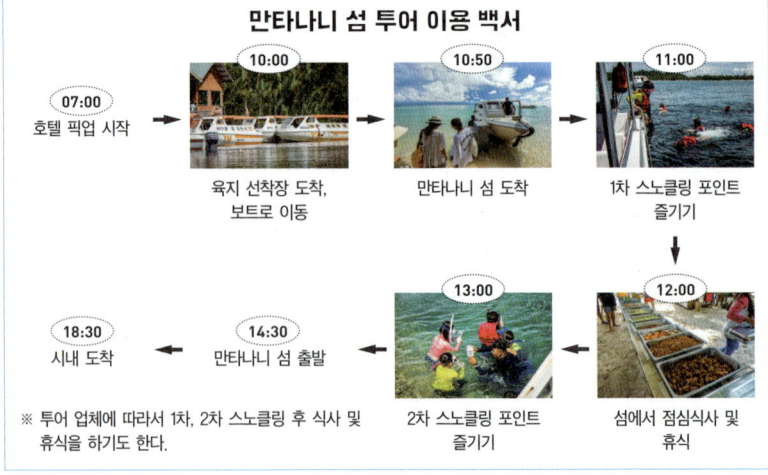

만타나니 섬 투어 이용 백서

07:00 호텔 픽업 시작 → 10:00 육지 선착장 도착, 보트로 이동 → 10:50 만타나니 섬 도착 → 11:00 1차 스노클링 포인트 즐기기 → 12:00 섬에서 점심식사 및 휴식 → 13:00 2차 스노클링 포인트 즐기기 → 14:30 만타나니 섬 출발 → 18:30 시내 도착

※ 투어 업체에 따라서 1차, 2차 스노클링 후 식사 및 휴식을 하기도 한다.

코타키나발루 스노클링 FAQ

코타키나발루 여행의 핵심이라고도 할 수 있는 스노클링은 직접 보트 티켓을 구입해 자유여행으로 즐길 수도 있고, 여행사의 패키지 투어를 이용해서 다녀올 수도 있다. 자유여행자가 이용할 수 있는 보트가 출발하는 곳은 제셀톤 포인트와 수트라하버 리조트의 씨퀘스트 선착장, 두 곳이다.

1 어떻게 예약할까?

제셀톤 포인트의 보트 회사 티켓 부스

코타키나발루 시내의 제셀톤 포인트를 방문해서 직접 보트 티켓을 구입하는 것이 가장 저렴하다. 보트 운영 회사가 많으며, 예약을 하지 않고도 당일 아침에 티켓을 구할 수 있다. 단, 혼자 신청할 경우 보트에 사람이 찰 때까지 기다릴 수 있다.

[제셀톤 포인트] 운영 페리 출발 08:30~16:30 (티켓 카운터 08:00~16:00) 요금 섬 1곳 성인 RM23, 어린이 RM18, 섬 2곳 성인 RM33, 어린이 RM23 (※ 터미널 이용료 성인 RM7.2, 어린이 RM3, 국립공원 입장료 성인 RM10, 어린이 RM6 별도 지급 필요)

2 추천 코스는?

하루에 섬 2곳을 들르는 코스가 제일 인기다. 보통 사피 섬, 마누칸 섬, 마무틱 섬 중에서 선택한다. 첫 번째 섬을 오전 10시 정도에 들어갔다가, 12시쯤 두 번째 섬으로 이동해서 점심식사 후 즐기면 좋다.

> **Tip 수트라하버에서 보트타기**
> 수트라하버 리조트에 묵는 사람들은 마리나 하버의 씨퀘스트 센터에서 출발하는 보트를 이용하는 것이 편리하다. 사피 섬, 마누칸 섬, 마무틱 섬으로 가는 보트를 운행하는데, 제셀톤 포인트의 요금보다는 다소 비싸지만 깨끗하고 좋은 보트를 운행한다는 것이 장점이다.
> 요금 섬 1곳 성인 RM60, 어린이 RM42, 섬 2곳 성인 RM75, 어린이 RM57(※ 국립공원 입장료 성인 RM10, 어린이 RM6 별도 지급 필요)

3 스노클링 장비는 빌릴 수 있나?

제셀톤 포인트나 수트라하버 씨 퀘스트, 각 섬에 있는 대여점에서 스노클과 마스크, 구명조끼, 비치매트 등을 빌릴 수 있다. 각 장비에 따라 보증금은 별도로 지불해야한다. 각 섬에 있는 대여점은 섬을 떠날 때 장비를 반납해야 하니 여러 곳을 다닌다면 육지의 선착장에서 빌려서 가는 것이 좋다.

4 점심 식사는 어떻게 할까?

여행자들이 많이 찾는 사피 섬, 마누칸 섬, 마무틱 섬에는 간이식 카페가 있어서 간단한 볶음밥 등으로 저렴하게 식사를 해결할 수 있다. 가게에서 파는 시원한 음료나 과자 등으로 간식도 해결할 수 있으니, 과일 같은 간식거리를 가져가도 좋다. 수트라 생츄어리 롯지 Sutera Sanctuary Lodges가 있는 마누칸 섬에서는 리조트에서 운영하는 레스토랑이나 런치 BBQ뷔페도 이용할 수 있다.

> 개별 여행자의 해양 스포츠 이용 요금 및 시간
> 바나나보트 최소 4인, 1인당 RM40, 15분
> 플라이 피시 최소 2인, 1인당 RM70, 15분
> 패러 세일링 최소 2인, 1인당 RM90, 15분
> 제트 스키 최대 2인, 1대당 RM165, 30분

5 섬에서 즐길 수 있는 해양스포츠는?

사피 섬, 마누칸 섬, 마무틱 섬에는 다양한 해양 스포츠를 즐길 수 있는 센터가 있다. 마누칸 섬과 마무틱 섬에서는 바나나보트, 제트스키, 패러세일링 등을 즐기는 이들이 많으며, 현장에서 바로 신청할 수 있다. 사피 섬과 가야 섬은 스쿠버다이빙 교육을 받을 수 있는 센터로 인기를 끌고 있다.

가야 스트리트

관광 Visit
- V1 제셀톤 포인트 Jesselton Point
- V2 시그널 힐 전망대 Signal Hill
- V3 오스트레일리아 플레이스 Australia Place
- V4 앳킨슨 시계탑 Atkinson Clock Tower
- V5 파당 메르데카 Padang Merdeka
- V6 센트럴 마켓 Pasar Besar

식당 Restaurant
- R1 푹 옌 Fook Yuen
- R2 올드 타운 화이트 커피 Old Town White Coffee
- R3 유 키 바쿠테 Yu Kee Bak Kut The
- R4 리틀 이탤리 little Italy
- R5 팟 키 Kedai Kopi Fatt Kee
- R6 Sin Kee Bakuthe
- R7 페퍼민트 Peppermint
- R8 멜라니안3 Kedai Kopi Melanian 3
- R9 칠리 바닐라 Chilli Vanilla
- R10 버거킹
- R11 KFC
- R12 Wiya Nasi Ayam
- R13 유잇 청 Yuit Cheong
- R14 피자헛
- R15 이 풍 Kedai Kopi Yee Fung
- R16 토닥 해산물 야시장 Todak Waterfront Hawker Center
- R17 우 Woo!
- R18 옥토버 커피 하우스 October Coffee House
- R19 빅 애플 도넛 앤 커피 Big Apple Donuts & Coffee
- R20 요요 카페 Yo Yo Café
- R21 더 로열 코코넛 The Royal Coconut
- R22 부아 부안 용 Buah Buahan Yong

가야 스트리트 주변

쇼핑 Shopping
- S1 수리아 사바 Suria Sabah
- S2 통 힝 슈퍼마켓 Tong Hing Supermarket
- S3 위스마 메르데카 Wisma Merdeka
- S4 Miilimewa Supermarket
- S5 시티 그로서 City Grocer
- S6 KK 플라자 KK Plaza
- S7 서베이 하이퍼마켓 Servey Hypermarket

즐길 거리 Enjoyng
- E1 엘 센트로 El Centro
- E2 어퍼스타 Upperstar
- E3 스카이 블루 바 Sky Blu Bar

숙소 Hotel
- H1 호텔 캐피탈 Hotel Capital
- H2 Gaya Center Hotel
- H3 호텔 식스티3 Hotel Sixty3
- H4 제셀톤 호텔 Jesselton Hotel
- H5 하얏트 리젠시 Hyatt Regency
- H6 Horizon Hotel
- H7 드림텔 Dreamtel
- H8 비앤비 앳거 B&B @21

가야 스트리트 Gaya Street

1900년대부터 가게들이 들어서기 시작해 100년 넘게 상업의 중심지였던 가야 스트리트는 코타키나발루에서 가장 오랜 역사를 자랑하는 거리다. 1층은 가게로, 2층부터는 주거공간으로 사용하는 숍 하우스 Shop house들이 거리 양옆으로 늘어서 있는데, 이 중에는 할아버지에서 손자까지 대를 이으며 가업을 잇는 가게들도 있다. 도로 중앙의 가로수를 따라 일자로 쭉 뻗은 거리는 백 년 전이나 지금이나 여전한 코타키나발루의 대표 상업지구. 화려한 네온사인이나 대형 간판은 찾아볼 수 없지만, 다소 낡고 퇴색한 분위기가 가야 스트리트만의 매력을 더한다.

여행자들 역시 오랜 전통을 지닌 맛집을 찾아가기 위해서라도 한 번쯤은 이 길을 걷게 된다. 거리를 걷다 보면 사바 관광청 Sabah Tourism Board과 제셀톤 호텔 Jesselton Hotel이 모여 있는 51~69번지 사이의 거리가 인상적인데, 제2차 세계대전 이전의 분위기가 남아 있는 곳이다. 당시 연합군의 폭격 속에서도 살아남은 3개 건물 중 하나인 사바 관광청은 현재 영국식 석조 건물의 아름다움을 느낄 수 있는 문화유산으로 지정되어 있다. 제셀톤 호텔 역시 1954년 코타키나발루에서 처음으로 에어컨 시스템이 설치된 호텔이라는 오랜 역사를 가지고 있다.

지도 P.52-D, P.66~67-C 주소 Gaya Street 운영 24시간 가는 방법 가야 스트리트의 남쪽 끝에는 호라이즌 호텔이, 북쪽에는 사바 관광청이 있다.

가로수 양옆으로 숍 하우스들이 들어선 가야 스트리트

1916년에 지어진 영국풍 건물인 현재의 사바 관광청

코타키나발루 최초의 호텔인 제셀톤 호텔

> **Tip** 코타키나발루의 역사
>
> 1881년 영국의 북보르네오 회사가 이곳에 자리를 잡으면서, 회사의 부회장 이름을 딴 '제셀톤 Jesselton'이라는 이름으로 불렸다. 영국의 섭정 아래 번성하던 식민지 시대의 유산들은 1942년 일본의 침략으로 대부분 사라졌으며, 1947년부터 다시 영국의 지배를 받으면서 사바 주의 수도로 성장했다. 1963년 영국으로부터 독립해 말레이시아 연방정부에 편입된 후 도시의 이름도 코타키나발루(현지인들은 흔히 KK라고 부른다)로 변경되었다.

선데이 마켓 Sunday Market

매주 일요일 아침이면 가야 스트리트는 차량 통행이 금지되고 나무 그늘에 천막들이 줄줄이 펼쳐진다. 상인들과 시민들이 총출동해 좌판을 벌이는데, 목각 인형이나 사롱 같은 수공예품부터 오래된 골동품, 신발, 과일, 향신료, 전통 케이크나 과자 등의 먹거리까지 그 종류가 매우 다양하다. 마켓의 규모가 그리 크지 않고 판매하는 물건들이 그리 고급스럽지는 않아도 구경하는 재미가 쏠쏠하다. 선데이 마켓에서만 맛볼 수 있는 간식도 먹고, 바틱(염색), 캘리그래피(글씨) 같은 전통 공예품, 코타키나발루를 기억할 만한 소박한 여행 기념품들도 살 수 있다.

선데이 마켓에서는 주말을 맞아 가족과 함께 놀러 나온 현지인들을 쉽게 만나볼 수 있다. 코타키나발루 사람들에게 선데이 마켓은 단순한 시장이 아닌 가족과 함께 주말을 즐기는 일종의 문화공간으로 여겨진다.

주소 Gaya Street **운영** 일 06:30~12:30 **요금** 무료 **가는 방법** 가야 스트리트의 남쪽 끝 부분에 위치.

> **Tip 먹거리 야시장**
> 매주 금·토요일 저녁 6시부터 가야 스트리트에는 먹거리 야시장 Api Api Night Food Market이 열린다. 사테, 닭날개, 버거, 굴오믈렛, 딤섬, 국수 등 다양한 말레이시아 거리 음식들을 맛볼 수 있다.
>
>

선데이 마켓의 명물, 아이스크림 트럭

보르네오 섬의 마스코트 원숭이 인형

헤나를 받고 있는 여행자

캘리그래피 공예 모습

애완동물을 파는 가게

나무로 만든 생활용품이나 천 가방 등이 주요 품목

Special Theme

전통의 맛, 가야 스트리트 맛집 지도

코타키나발루만의 특별한 맛을 찾고 싶다면 가야 스트리트는 필수 방문 코스다. 에어컨도 안 나오는 허름한 가게에 앉아 땀을 뻘뻘 흘리며 먹는 여행의 재미. 간이식 플라스틱 테이블이지만 황제의 식탁도 부럽지 않은 깊은 전통의 맛이 가야 스트리트에 있다.

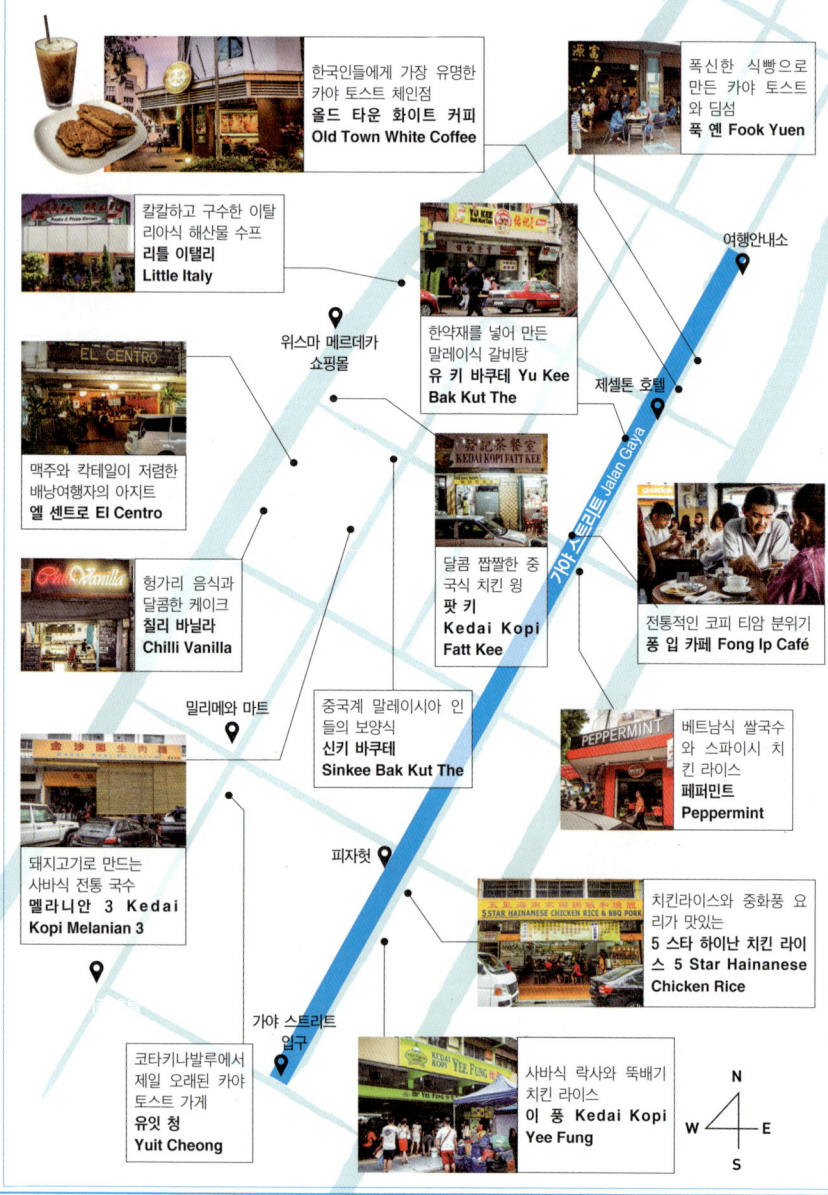

한국인들에게 가장 유명한 카야 토스트 체인점
올드 타운 화이트 커피 Old Town White Coffee

폭신한 식빵으로 만든 카야 토스트와 딤섬
푹 엔 Fook Yuen

칼칼하고 구수한 이탈리아식 해산물 수프
리틀 이탤리 Little Italy

여행안내소

위스마 메르데카 쇼핑몰

한약재를 넣어 만든 말레이식 갈비탕
유 키 바쿠테 Yu Kee Bak Kut The

제셀톤 호텔

맥주와 칵테일이 저렴한 배낭여행자의 아지트
엘 센트로 El Centro

가야스트리트 Jalan Gaya

달콤 짭짤한 중국식 치킨 윙
팟 키 Kedai Kopi Fatt Kee

전통적인 코피 티암 분위기
퐁 입 카페 Fong Ip Café

헝가리 음식과 달콤한 케이크
칠리 바닐라 Chilli Vanilla

밀리메와 마트

중국계 말레이시아 인들의 보양식
신키 바쿠테 Sinkee Bak Kut The

베트남식 쌀국수와 스파이시 치킨 라이스
페퍼민트 Peppermint

돼지고기로 만드는 사바식 전통 국수
멜라니안 3 Kedai Kopi Melanian 3

피자헛

치킨라이스와 중화풍 요리가 맛있는
5 스타 하이난 치킨 라이스 5 Star Hainanese Chicken Rice

가야 스트리트 입구

코타키나발루에서 제일 오래된 카야 토스트 가게
유잇 청 Yuit Cheong

사바식 락사와 뚝배기 치킨 라이스
이 풍 Kedai Kopi Yee Fung

N W E S

오스트레일리아 플레이스 Australia Place

제셀톤 호텔 뒤편의 큰길을 건너면, 1900년대 흔적들을 만날 수 있다. '오스트레일리아 플레이스'라는 이름은 제2차 세계대전 당시 호주 연합군의 캠프가 있던 장소라 붙여진 것. 정글로 우거진 시그널 힐 전망대 아래에 있는 작은 동네라 현대적인 도시가 아직 침범하지 않은 특유의 고즈넉한 분위기를 느낄 수 있다. 과거 코타키나발루의 인쇄 업무는 모두 여기에서 이뤄졌다고 할 정도로 거리 끝까지 인쇄소들이 빼곡히 차 있었다는데, 지금은 몇 곳 남지 않은 인쇄소와 옛 건물을 활용한 카페와 호스텔이 빈자리를 채우고 있다. 남쪽으로 몇십m 더 내려가면 언덕 위쪽에 작은 시계탑인 '앳킨슨 시계탑 Atkinson Clock Tower'이 보인다. 영국 식민지 시절 지역 의원이었던 앳킨슨이 말라리아로 사망한 후 그의 어머니가 아들을 기리며 세워 앳킨슨이라는 이름이 붙였다.

지도 P.67-B 주소 Lorong Dewan, Pusat Bandar, 88000 **운영** 24시간 **가는 방법** 제셀톤 호텔 뒤편에 있는 대로를 건넌다.

전망대에 있는 카페 겸 매점

시그널 힐 전망대 Signal Hill

오스트레일리아 플레이스 바로 위쪽, 정글로 우거진 언덕 위에 만들어 놓은 전망대. 코타키나발루 시내와 바다를 한눈에 내려다볼 수 있는 전망 포인트다. 햄버거나 샌드위치 같은 간단한 간식을 파는 카페 겸 매점과 벤치 몇 개 정도가 전부인 소박한 분위기이지만, 따로 입장료가 없어서 부담 없이 들를 만하다. 카페에서 판매하는 음료 가격도 비싸지 않아 한가로이 오후의 정취를 즐기며 시간을 보내기에 좋다. 석양 질 무렵이면 시내와 바다 쪽으로 붉은 노을이 내려앉는 모습을 바라볼 수 있다.

지도 P.67-B 주소 Signal Hill, Jalan Bukit Bendara **운영** 08:00~24:00 **요금** 무료 **가는 방법** 제셀톤 호텔 뒤편의 대로를 건너면, 노란색 건물 옆에 전망대로 올라가는 계단이 보인다. 시내에서 택시를 타면 RM10~15 정도 든다.

> **Tip 시그널 힐 가는 방법**
> 시그널 힐 전망대로 가는 방법은 여러 가지다. 그중 여행자들이 찾아가기 쉬운 방법은 제셀톤 호텔 뒤편 대로를 건넌 후 노란색 건물 옆쪽에 있는 계단 트레일을 올라가는 것(5~7분 소요). 또는 앳킨슨 시계탑이 있는 언덕 뒤쪽의 차도를 따라 계속 왼쪽으로 걸어가면 된다(15분 소요). 더운 날에는 택시를 타고 올라갔다가 계단 트레일로 내려오는 것을 추천한다.

노란색 건물 옆에 있는 계단. 트레일의 시작점

목조데크와 계단으로 이루어진 전망대 트레일

딴중 아루 비치 주변

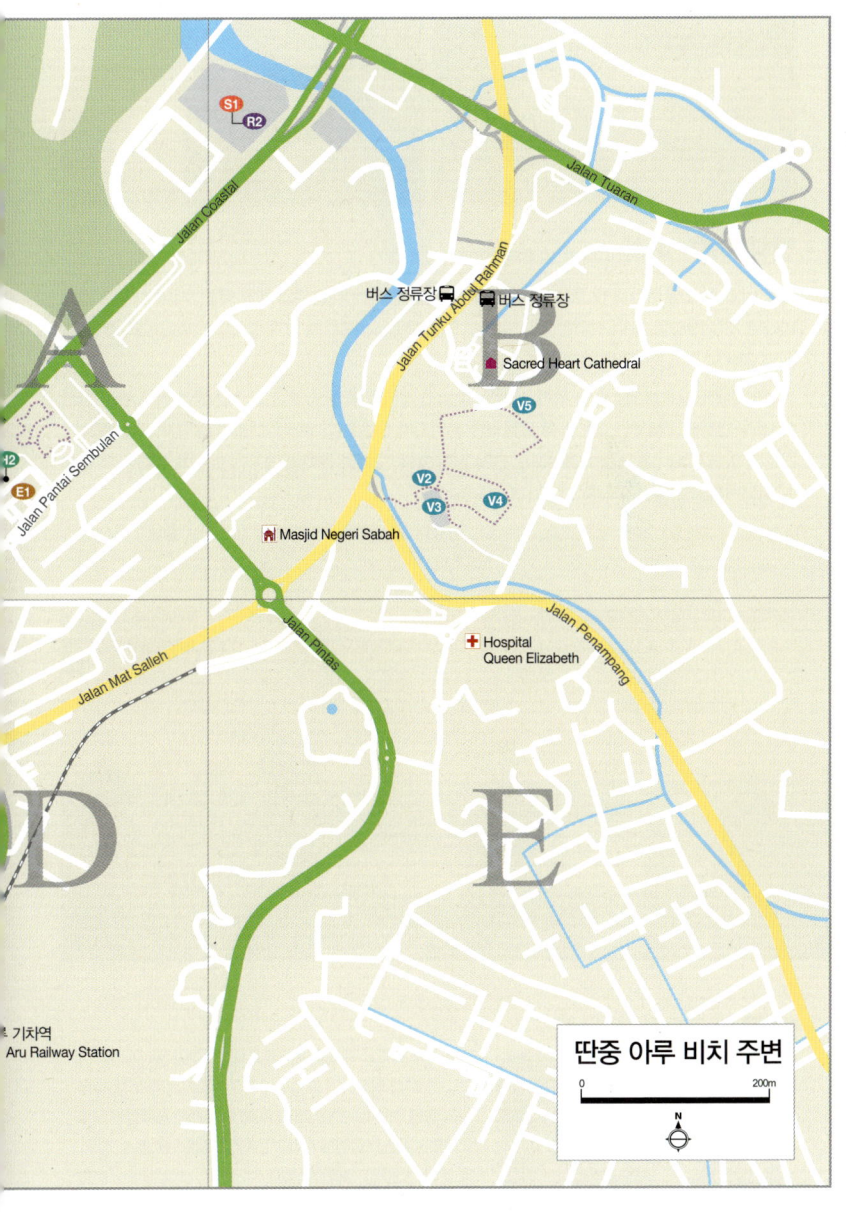

딴중 아루 비치 Tanjung Aru Beach

배를 타고 섬에 들어가지 않고도 바다를 만날 수 있는 코타키나발루의 대표 해변. 시내 서쪽에 있어 바다로 지는 태양을 볼 수 있다는 것이 이곳의 가장 큰 장점이다. 해 질 무렵이면 석양을 보러 온 사람들로 해변 앞 주차장이 만원을 이룬다.

드넓은 해변이 2km가량 길게 이어지는데, 그 넓은 모래밭 위를 조용히 오가는 물결 위로 붉은 석양이 내려앉으면 그 자체만으로도 꽤 로맨틱한 분위기가 연출된다. 코타키나발루 공항 바로 옆쪽에 자리하고 있어서 시내에서 찾아가기에도 그리 멀지 않다. 모래가 곱지는 않지만 파도가 세지 않은 편이라 현지인들은 물놀이하는 장소로 자주 애용한다.

지도 P.52-C, P.72-C 주소 Pantai Tanjung Aru, Jalan Aru 운영 24시간 요금 무료 가는 방법 시내에서 그랩, 택시로 15분 소요.

Tip 무더운 밤의 시원한 음악 분수

딴중 아루 비치의 석양을 감상하고 시내로 그냥 돌아가기가 아쉽다면, 근처 페르다나 공원의 음악 분수를 감상해보자. 페르다나 공원 Perdana Park은 코타키나발루의 운동 홀릭들이 모두 모여드는 공원으로 평일 저녁 7시부터 음악 분수를 볼 수 있다.

페르다나 공원 지도 P.72-C 주소 Jalan Melati 전화 +60 11-2668 4082 운영 공원 05:00~21:00, 음악 분수 월~목 19:00~21:00 가는 방법 딴중 아루 비치 주차장에서 도보 5분.

시티 모스크 Masjid Bandaraya

물 위에 떠 있는 듯한 독특한 풍경 덕분에 말레이시아에서 제일 아름다운 모스크 중 하나로 꼽히는 곳이다. 새하얀 건물에 얹혀진 푸른색 돔이 사원 주위의 인공 호수에 비친 모습이 인상적이라 '물 위의 모스크 Floating Mosque'라는 별명도 얻고 있다.

1만2,000여 명이 동시에 기도할 수 있을 만큼 큰 규모를 자랑하며 관광객들이 가장 많이 들르는 사원이다. 이슬람의 제2 성지인 사우디아라비아 메디나의 '예언자의 모스크'와도 유사한 건축 양식으로 만들어졌다. 푸른색과 금색으로 장식한 아라비아풍의 돔을 포함해 이슬람 현대 건축 양식으로 지어진 사원 내부는 모던하면서도 경건한 분위기다.

지도 P.52-D 주소 Jalan Pasir **운영** 토~목 09:00~11:45, 13:30~ 15:00, 16:15 ~17:45 **요금** 입장료 RM5, 옷 대여료 RM5~10 **가는 방법** 호텔 샹그릴라 앞쪽의 버스정류장에서 1A번 미니버스를 탄다, 시내에서 택시를 타면 RM12~15.

현대적인 모스크 내부

> **Tip** 모스크 복장 제한
> 노출이 심해서 모스크 출입에 적합한 차림이 아닐 경우 모스크 주차장 입구에서 겉옷을 대여한다. 1인당 RM5~10에 이슬람 전통 복장을 빌릴 수 있다.

사바 파운데이션 빌딩 Sabah Foundation Building (Menara Tun Mustapha)

시티 모스크에 온 김에 같이 들르기 좋은 사바의 명물 건물이다. 유리로 된 30층짜리 건물은 원형 로켓 모양의 외관이 눈길을 끄는 사바 주의 아이콘이다. 건물 중앙에 강철 기둥으로 중심축을 세운 다음 칸칸이 층을 펼쳐가는 방식으로 건설했는데, 이 건물이 세워진 1977년에만 해도 전 세계에 3개밖에 없을 정도로 획기적인 건축 방식이었다. 현재는 지반 약화로 건물이 기울어지면서 1층을 제외하고는 내부 입장이 불가능한 상태. 여행자들은 주로 빌딩을 손바닥에 올리는 인증사진을 찍는 장소로 활용한다.

바다에서 보는 건물 모습. 지반 약화로 건물이 기울어졌다.

지도 P.52-D 주소 Likas Bay **운영** 내부 입장 불가 **가는 방법** 호텔 샹그릴라 앞쪽의 버스정류장에서 1C, 1D, 6C, 7B번 미니버스를 탄다. 시내에서 택시를 타면 RM12~15 정도 든다.

사바 박물관 Sabah Museum

코타키나발루를 단순한 휴양지로만 생각했다면 큰 규모의 사바 박물관을 보고 조금 놀랄 수도 있다. 사바 주의 수도로 오랫동안 기능해 온 도시답게 사바 주립 박물관이 시내 가까운 곳에 자리 잡고 있는데, 택시나 버스를 타고 쉽게 다녀올 수 있다. 영국 식민지 시절 북보르네오 지역의 총독 관저가 있던 자리에 1985년 문을 연 사바 박물관은 드넓은 부지 안에 여러 개의 전시관이 나뉘어 있어서 전부 돌아보려면 많은 시간이 소요된다.

특히 말레이시아 전통가옥을 본떠서 디자인한 메인 빌딩 Main Building은 도자기와 직물, 공예품과 생활용품, 사바의 역사에 대한 주요 자료들을 전시하고 있다. 클래식한 올드 카와 북보르네오 열차가 전시된 작은 마당을 지나면 메인 빌딩 오른쪽에 과학 기술 센터 Science and Technology Center가 있다. 빛바랜 전시물이긴 하지만 사바 지역의 오일과 가스 생산품들, 방송장비 등을 볼 수 있다. 말레이시아의 이슬람 전통이 이슬람 교리에 대한 전시물이 있는 사바 이슬람 문명 박물관 Sabah Islamic Civilization Museum까지 보려면 박물관 부지 안의 길을 따라서 7분 정도 걸어가야 한다.

지도 P.52-C, P.73-B 주소 Jalan Muzium 전화 +60 88-253-199 홈페이지 www.museum.sabah.gov.my 운영 09:00~17:00 요금 RM15 가는 방법 시내에서 그랩/택시로 약 5분 소요.

+Plus 헤리티지 빌리지 Heritage Village

박물관 아래쪽에 있는 연못 주위에는 말레이 전통 가옥들을 복원해놓은 헤리티지 빌리지가 있다. 각 지역과 인종에 따라 조금씩 다른 전통가옥들의 모습을 살펴볼 수 있고, 나무로 둘러싸인 연못 주위의 정취도 좋아서 사진촬영 장소로도 인기가 높다.

지도 P.73-B

반딧불이 투어 Firefly tour

나무 가득 반짝반짝 별처럼 내려앉은 반딧불이의 여린 불빛, 맹그로브 숲에 사는 반딧불이를 구경하러 가는 반딧불이 투어는 코타키나발루를 찾은 여행자라면 빼놓을 수 없는 필수 코스다. 우리나라에서는 거의 사라져 버린 반딧불이를 구경하는 것도 재미있고, 유유자적 강물을 떠다니며 한가로운 시간을 보내는 것도 매력적이다. 특히 우리나라 사람들에게는 밤 비행기로 출발하기 전까지 오후와 저녁 시간을 효율적으로 보내는 방법으로 인기가 있다. 보트를 타고 맹그로브 숲 사이를 다니며 보르네오의 희귀종인 긴코원숭이 구경도 하고, 멋진 노을 구경을 하다가 해가 지고 나면 반딧불이를 보러 가는 보람찬 일정이다. 세계에서 제일 큰 반딧불이 서식지 중 하나인 코타키나발루의 명물 투어를 놓치지 말자.

운영 투어에 따라 6시간 30분~8시간 소요(14:00/15:00 출발~ 21:30/22:00 도착) 요금 RM120~200(왕복 픽업, 저녁 포함) 가는 방법 현지 여행사, 한인 여행사, 예약대행사이트 등을 통해 신청한다.

투어 회사에 따라 큰 배도 있고 작은 배도 있다.

Tip 투어의 종류
반딧불이를 보러 가는 지역에 따라 다양한 투어가 있다. 사람들이 몰려서 반딧불이 개체 수가 줄면 또 새로운 장소를 개발하는 방식. 현재 한국인들이 많이 신청하는 투어는 나나문 Nanamun, 뚜아이 Tuai, 동막골 스르방 등이 있다. 각 지역마다 이동시간이 1시간 10분에서 2시간까지 차이가 있으므로 신청 전에 확인하도록 한다.

Tip 투어 흥정
일정에 여유가 있는 사람이라면 제셀톤 포인트의 여행사에 직접 가서 흥정을 하는 것이 제일 저렴하다. 인원과 협상력에 따라 가격이 크게 달라진다.

반딧불이 투어 이용 백서

- 14:00 또는 15:00 호텔 픽업 시작
- 16:00 선착장 도착 후 간단한 간식 타임
- 16:30 보트로 맹그로브 숲 사이를 누비며 원숭이 관찰
- 17:40 해변 또는 강 위에서 석양 구경
- 18:00 뷔페 스타일로 차려지는 저녁 식사
- 19:00 반딧불이 구경 시작
- 21:30~22:00 호텔이나 공항으로 귀가

마리 마리 컬처 빌리지 Mari Mari Cultural Village

사바 지역의 원주민 마을을 재현해 놓은 일종의 민속촌이다. 숲이 우거진 산기슭 아래에 바자우, 무룻, 두순 등 보르네오 섬에서 살던 5개 부족의 마을이 만들어져 놓았다. 방문객은 안내인과 함께 각 마을을 하나씩 찾아가면서 각 부족의 의식과 문화를 체험하고 배우게 된다. 체력적 소모가 적고 아기자기한 체험이 많은 편이라 어린 아이와 함께 온 가족들이 함께 즐길 수 있다.

각 부족 마을마다 관광객들을 위한 특별한 프로그램을 준비해 두었는데 전통 술이나 음식을 맛볼 수 있고, 불을 피우거나 나무껍질로 옷을 만드는 모습을 볼 수도 있다. 집 안에서 벌어지는 점프 경연대회나 독화살 쏘기, 원주민 부족장에게 마을로 들어가는 허가 받는 의식 등 어른들은 물론 아이들에게 더욱 흥미진진한 경험이 된다. 프로그램 마지막은 극장에 모여 각 부족들의 전통 춤을 관람한다. 빠르게 움직이는 대나무 막대 사이로 발을 피하는 대나무 춤이 하이라이트. 공연을 관람한 후 과일이 포함된 간단한 식사를 하고 마무리한다.

※ 하루에 3번 정해진 스케줄에 따라 투어가 진행되기 때문에 사전 예약은 필수이다.

지도 P.52-D 홈페이지 www.marimariculturalvillage.com 운영 10:00, 14:00, 18:00, 3시간 소요 요금 왕복 교통편 포함 성인 RM170(여행사를 통하면 할인 가능)

원주민 전통 방법으로 만든 술과 꿀, 밥, 간식을 맛볼 수 있다.

밀림 속에 만든 사바 원주민들의 전통가옥을 돌아다닌다.

가족여행자들이 즐겨 찾는 투어

아이와 함께 여행하는 가족 단위 여행자들은 왕복 교통편과 식사 등이 모두 포함된 투어를 이용하는 것이 편리하다. 매일 투어만 해도 금세 며칠이 지날 만큼 다양한 종류의 투어가 있는 곳이 코타키나발루. 구성원의 나이대와 취향에 딱 맞는 투어들을 골라보자.

> **Tip 투어 예약하기**
> 각 투어는 현지여행사나 한인여행사, 한인민박을 통해 예약한다. 현지여행사의 홈페이지(www.sabah-booking.com) 등 대행업체를 통하는 것이 공식 가격보다 더 저렴할 때가 많다.

키울루 강 래프팅 Kiulu River Rafting

물살을 함께 헤쳐 나가며 대자연을 즐길 수 있는 래프팅은 활동적인 가족들이 좋아하는 투어다. 코타키나발루 인근에 여러 곳의 래프팅 포인트가 있지만, 보통 한국인 여행자들은 시내와 가깝고 난이도가 무난한 키울루 강을 선호한다. 물살이 그리 거칠지 않은 편이라 가족 단위의 여행자나 초보자도 충분히 가능한 수준이다. 안전장비를 착용한 후 간단한 래프팅 안전수칙을 교육받고 나면 키울루 강에서의 즐거운 래프팅이 시작된다. 울창한 숲 속을 가르는 계곡을 신나게 타고 내려오는 것만으로 재미있는 경험이 된다. 래프팅 후 샤워를 마치고 나면 점심 식사가 제공되며, 래프팅을 하는 동안 찍은 사진 역시 투어가 끝날 무렵에 판매한다.

운영 09:00~14:00 **요금** 성인 RM175~ 어린이 RM128~

대롱 화살 체험

켈리 베이 투어 Kelly Bay Tour

바다와 강이 만나는 곳이라 맹그로브 숲이 우거진 켈리베이(용미만)에서 진행되는 투어다. 충분한 자유시간 동안 바나나보트나 카약 등은 몇 번을 타도 공짜라는 것이 장점. 켈리베이 입구에 도착하면 나무로 만든 배를 타고 수상가옥으로 되어 있는 베이스캠프로 들어간다. 베이스캠프에 도착하면 그 때부터 자유시간. 말레이 전통의 염색 방식인 바틱 체험을 할 수도 있고, 사바 원주민들의 사냥 방법인 대롱 화살 체험을 할 수도 있고, 강에서 카약이나 바나나보트를 즐기다가 피곤해지면 해변의 해먹에 누워서 낮잠을 잘 수도 있다. 점심 식사는 현지식 뷔페로 제공되며, 맥주나 아이스크림 등은 매점에서 별도로 판매한다.

운영 호텔 픽업 08:30~ 호텔 복귀 15:30 **요금** 성인 RM240~, 어린이 RM155~

키나발루 국립공원 Kinabalu Park

해발 4,095m의 키나발루 산을 중심으로 하는 키나발루 국립공원은 약 5,000종의 식물들이 자라나는 생태계의 보고다. 풍부한 열대 저지대와 언덕의 열대우림, 열대 산악림과 아고산대 삼림, 더 높은 고도의 관목 지대까지. 이런 다양한 생태계 덕분에 2000년에는 말레이시아 최초로 유네스코 세계자연유산으로도 지정됐다. 드높은 키나발루 산 정상까지 등정하진 못하더라도 국립공원에서 운영하는 프로그램을 통해 세계에서 가장 다양한 식물이 풍부하게 자란다는 이곳의 자연을 즐겨보자.

※ 원주민들은 죽은 자의 영혼이 산꼭대기에 살고 있다고 믿으며 이를 신성시한다. 키나발루라는 이름은 카다잔 족의 언어로 '죽은 자를 숭배하는 장소'라는 뜻인 아키나발루 Akinabalu에서 유래되었다.

1. 어떻게 갈까?

드림텔 호텔 앞에 있는 외곽행 미니버스 정류장에서 '라나우 RANAU' 행 버스(편도 RM20)를 탄다. 사람이 다 차면 출발하는 방식이라 30분~1시간가량 대기할 수 있다. 국립공원 입구까지는 2시간 정도 소요된다.

2. 어떻게 돌아올까?

국립공원 입구 건너편 도로에서 코타키나발루행 미니버스를 탄다. 국립공원으로 가는 버스 안에서 돌아오는 차편을 예약 받기도 하는데, 이 경우 출발 시각을 알려준다. 입구 건너편 주차장에서 대기하는 개인 영업 차량을 이용할 수도 있다. 차 한 대당 RM120 정도를 사람 수에 따라 나누어 내는 방식. 택시는 편도 RM150 정도로, 수트라 생츄어리 로지 안내소 옆 정류장에서 17:00까지 탈 수 있다.

3. 어떻게 다닐까?

국립공원 입구에서 입장료(성인 RM15, 어린이 RM10)를 받으며, 안쪽의 키나발루 홀 Kinabalu Hall 주차장에 있는 가건물에서 원하는 체험프로그램을 신청할 수 있다. 키나발루 홀 주위에 있는 다양한 트레일을 따라 개별적으로 동식물을 관찰하며 숲길을 걸을 수도 있다. 평탄해서 별도의 장비는 필요 없다.

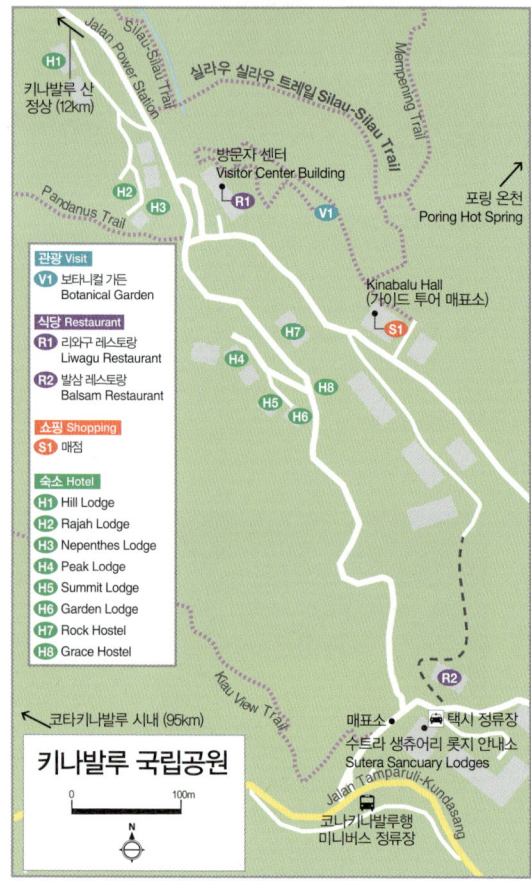

키나발루 국립공원 대표 체험 프로그램

네이처 트레일 워크 Guided Nature Trail Walk
가이드와 함께 키나발루 홀 주위의 트레일을 둘러보며 동식물들을 관찰하는 프로그램이다. 영어로 진행되며, 다양한 약용식물과 곤충, 작은 동물과 새들에 대한 설명을 들을 수 있다. 새소리와 물소리를 들으며 한적한 분위기를 느낄 수 있는 것이 장점. 실라우 실라우 Silau silau 트레일을 따라 진행된다.

운영 11:00, 45분~1시간 소요 **요금** 성인 RM3, 18세 이하 RM1.5

보타니컬 가든의 다양한 식물들

곤충을 잡아먹고 체액을 보관하는 식충식물

보타니컬 가든 투어 Botanical Garden Tour
키나발루 홀 북쪽에 있는 보타니컬 가든을 가이드와 함께 둘러보는 투어다. 보타니컬 가든은 혼자서 둘러볼 수도 있지만 가이드와 함께라면 훨씬 다양한 설명을 들을 수 있다. 1983년부터 공개한 보타니컬 가든의 식물들은 색깔이나 용도별로 나뉘는데, 10가지 종류의 식충식물과 피부의 가려움을 없애는 약용식물, 염색하거나 물건을 만드는 식물 등 다양한 종류를 만날 수 있다. 조금 서두르면 11:00의 네이처 트레일 워크 프로그램을 마친 다음 바로 이어서 12:00 투어를 들을 수도 있으니 참고하자.

운영 09:00, 12:00, 15:00 **요금** 성인 RM5, 18세 이하 RM2.5

> **Tip 점심 식사 해결하기**
> 국립공원에 있는 2개 식당 중에서 고를 수 있다. 하나는 점심시간에만 뷔페 스타일로 운영하는 발삼 레스토랑 Balsam Restaurant이다. 다른 하나는 08:00부터 22:00까지 운영하는 리와구 레스토랑 Liwagu Restaurant으로 단품 요리가 RM20~. 방문자센터에 있으며 식사를 하고 쉴 수 있는 넓은 홀도 있다.

리와구 레스토랑

> **Tip 등산인들의 로망, 키나발루 산**
> 세계에서 제일 높은 마운틴 토크 Mountain Torq로 유명한 키나발루 산은 등산 애호가라면 한 번쯤 오르고 싶어 하는 꿈의 산이다. 국립공원 내 숙소 예약을 마친 사람들만 가이드를 동반하고 오를 수 있으며, 하루 등반객 숫자를 제한하기 때문에 6개월 전에는 예약할 것을 권장한다. 가장 저렴한 방법은 산장을 통해 직접 예약하는 것. 보통 1박 2일의 일정(숙박+식사 5번 포함)으로 진행하는데 워낙 대기자가 많아서 예약이 쉽지 않다. 다른 대안으로는 키나발루 산 등정 상품을 판매하는 여행사나 예약대행사이트가 있다. 비용은 좀 비싸지만, 왕복 교통과 가이드, 허가 절차를 대행해 주기 때문에 편리하다.

키나발루 산+포링 온천 투어

키나발루 산과 주변 볼거리를 좀더 편안하게 구경할 수 있는 투어가 있다. 키나발루 산과 포링 온천 Poring Hot Spring을 함께 다녀오는 투어이다. 호텔에서 픽업을 한 후 키나발루 산이 잘 보이는 전망대에 들러서 사진을 찍는다. 전망대 주변에 과일과 기념품을 살 수 있는 가게들이 모여 있어 구경한 후 키나발루 국립공원 내부로 들어가 열대 식물이 가득한 보타니컬 가든을 둘러본다. 다음 포링 온천으로 가서 정글의 나무 위로 만들어진 흔들거리는 다리 위로 지나가는 캐노피 워크를 체험한 후 노천 온천을 즐기고 온다.

※ 영어 가이드로 진행되며 차량으로 이동하는 시간이 편도 2시간 반이 넘는다는 점을 참고하자.

운영 08:00~18:30 요금 RM180(픽업, 입장료, 식사 포함, 포링 온천 캐노피 워크시 카메라 비용 RM5 별도)

🌿 키나발루 산+포링 온천 투어 이용백서 🌿

08:30 호텔 픽업 →
10:00 키나발루 산 전망대, 키나발루 산 배경 사진 찍기 →
11:00 키나발루 국립공원 도착, 보타니컬 가든의 식물 구경 ↓
13:00 포링 온천 앞 식당에서 식사 ←
14:00 캐노피 워크 체험 ←
15:00 포링 온천 체험 ↓
16:00 포링 온천 출발 →
18:30 코타키나발루 시내 도착

> **Tip 세계에서 가장 큰 꽃, 라플레시아**
>
> 꽃이 피는 시기와 맞을 경우, 포링 온천으로 가는 중간에 세계에서 가장 큰 단일 꽃으로 알려진 라플레시아 꽃을 감상할 수 있다. 꽃이 핀 상태에서 약 1주일이면 지기 때문에 시기를 일부러 맞춰서 가기에는 힘들다. 꽃의 지름만 1m에 육박한다. 가까이 갔을 때 악취에 가까운 냄새를 맡을 수 있는데, 이 냄새를 이용해 곤충을 유인해 흡수한다. 꽃을 키우는 농장에서 입장료(RM30)를 받는다.

북보르네오 기차 투어 North Borneo Raliway

에어컨 대신 선풍기가 달린 고풍스러운 열차 내부

뭉게뭉게 뿜어 나오는 증기의 힘으로 달리는 옛날식 기차, 100년도 넘은 골동품 증기기관차가 끄는 열차를 타고 1900년대의 어느 시절로 돌아가는 기분을 만끽해보자. 정글 사이를 뚫고 달리는 증기기관차와 철로는 1800년대 후반부터 이곳에 자리를 잡은 영국의 북보르네오 회사가 남겨놓은 유산. 1896년에 제작된 기차를 2011년에 복원해 여행자들을 위한 관광상품으로 만들었다. 당시의 탐험대 복장을 한 승무원에서부터 클래식하게 꾸민 객실 내부까지 세세하게 복원한 덕분에, 식민지 시대의 향수를 물씬 불러일으킨다.

커다란 기적 소리와 함께 허연 증기를 뿜으며 달리는 기차 모습도 장관이고, 열린 창문으로 중간중간 덮쳐오는 나뭇재와 연기 구름도 재미있는 체험이 된다. 늪지대를 달리는 차창 밖 풍경이나 드문드문 나타나는 마을의 모습도 왠지 아련한 느낌이다. 이제는 현대화된 도시와 마을의 모습이 더 많이 보이지만, 당시 호기심 가득한 눈으로 이곳 보르네오 섬을 바라봤을 영국 상류층이 된 듯한 묘한 기분이 느껴진다.

주소 North Borneo Railway The Magellan Sutera Resort Level 2 **전화** 02-752-6262(수트라하버 리조트 한국사무소) **운영** 수·토 10:00~13:40, 수트라하버 리조트에서 출발하는 왕복 셔틀버스 포함 5시간 소요 **요금** RM385.5, 3세 이하 무료 **가는 방법** 현지 이메일(nbrinfo@suteraharbour.com.my)이나 예약대행사이트(www.citytour.com)를 통해 예약.

Tip 북보르네오 철도 패스포트
딴중 아루 역에서 발급받는 '북보르네오 철도 패스포트'는 기차 여행의 묘미를 더하는 재미있는 기념품이다. 패스포트에는 열차가 지나는 역들에 대한 간략한 설명이 있고, 각 역을 지날 때마다 승무원들이 돌아다니며 스탬프를 찍어준다.

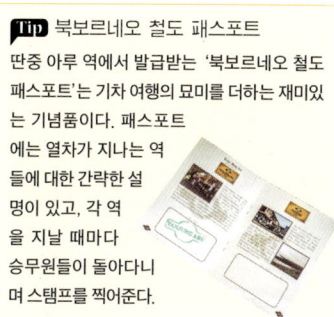

Tip 사전 예약은 필수!
일주일에 딱 2번(수·토요일)만 운행하며 최대 80명만 탑승할 수 있기 때문에 사전에 예약해두어야 한다. 2인이 한 테이블을 사용하는 것을 기본으로 좌석이 배정되며, 혼자 앉을 수 있는 미니 테이블도 몇 개 있다. 수트라하버 리조트 투숙객의 경우, 퍼시픽 수트라 호텔에서 09:00, 마젤란 수트라 리조트에서 09:10에 딴중 아루 역으로 가는 버스를 이용할 수 있다(로비에서 탑승).

RESTAURANT
코타키나발루의 식당

시푸드

> **+Plus 드라이 버터 소스와 웻 버터 소스**
> 우리나라 여행자들은 대부분 큼직한 새우나 게 종류를 선호한다. 담백하게 쪄서 먹어도 좋지만 고소하고 짭짤한 버터 소스나 매콤달콤한 칠리소스에 볶아내는 스타일이 가장 대중적이다. 특히 코타키나발루에서는 드라이 버터 타입뿐만 아니라 크림 소스처럼 촉촉한 **웻 버터 타입**이 인기를 끌고 있다. 1인분으로 적당한 양은 새우 기준 300~500g 정도이며, 꽃게는 최소 주문인 2마리가 750~850g 정도 나온다.

달걀을 실처럼 만드는 드라이 버터 소스

버터에 무가당 연유를 넣어서 만드는 웻 버터 소스

웰컴 시푸드 Welcome Seafood Restaurant

코타키나발루에서 제일 맛있는 해산물 식당으로 이름난 곳이다. 유명세에 비해 합리적으로 책정된 가격이 이 집의 가장 큰 장점. 플라스틱 테이블들이 다소 허름해 보이긴 하지만 흥정이나 강매의 부담 없이 해산물을 고를 수 있다. 무엇보다 소스의 맛으로 유명한 집이라 이 집의 특제 소스는 별도로 판매할 정도다.

중국과 말레이시아, 인도의 양념들을 근사하게 조합한 캄홍 Kam hiong 소스는 크랩과 가장 잘 어울리는 소스. 잘게 썬 고추와 간장, 후추 등이 어우러져 감칠맛 나게 짭짤한 양념이 게살 속까지 잘 배어 있다. 달짝지근하면서도 짭조름한 웻 버터 Wet Butter 소스는 달콤한 새우와 찰떡궁합이다. 말레이시아의 대표 양념인 블라찬(새우페이스트)으로 볶은 야채는 매콤짭짤해서 반찬으로도 좋다.

지도 P.53-E 주소 Lot G 18, Ground Floor, Kompleks Asia City **전화** +60 88-447-866 **홈페이지** www.wsr.com.my **운영** 12:00~23:00 **예산** 플라워크랩 1마리 RM8, 베이비 타이거 프라운 100g RM12, Tax 6% 별도 **가는 방법** 스타 시티 건물의 1층 안쪽으로 이어지는 도로로 좌회전해서 쭉 들어가면 왼편에 식당이 있다.

웻 버터 소스로 요리한 베이비 타이거 프라운 300g, RM36

매콤하고 짭짤한 캄홍 소스로 요리한 크랩 2마리, RM16

> **Tip 주문 방법**
> 수조 앞에서 대기하고 있는 종업원에게 원하는 종류와 양을 이야기한다. 해산물별로 Kg당 가격이나 1마리당 가격이 적혀 있으며 게 요리는 최소 2마리 이상 주문 가능하다. 해산물에 따라 적당한 요리법과 양도 추천해 준다.

스리 말라카 Sri Melaka

수조가 딸린 관광객용 식당 대신 현지인들이 해산물을 즐기는 방법이다. 현지인들이 가족과 함께 외식하러 갈 때면 가장 선호하는 식당 중 하나로, 말레이 특유의 양념과 전통 조리법을 사용하는 다양한 요리들을 선보인다. 특히 생선과 새우, 오징어를 사용한 해산물 요리의 인기가 높다.

그중에서도 제일 유명한 요리는 말레이식 생선조림인 아삼 피시 Asam Fish. 두툼한 생선살을 매콤 달콤한 특제 소스로 요리하는데, 발효 음식을 즐기는 우리들에게는 왠지 밥이라도 비비고 싶은 익숙한 맛이다. 작고 연한 오징어를 바삭하게 튀기는 소통 고랭 Sotong Goreng이나 드라이 버터 소스로 볶은 버터 프라운 Butter Prawn도 추천할 만하다. 테이블에 놓인 땅콩과 물수건은 별도 계산.

말레이식 생선 조림인 아삼 피시와 오징어 튀김인 소통 고랭

버터 프라운

지도 P.53-C 주소 No. 9, Jalan Laiman Diki, Kampung Air 전화 +60 88-224-777, 88-213-028 홈페이지 www.srimelaka.com 운영 10:00~21:00 예산 메인 요리(S) RM13-16 가는 방법 센터 포인트 사바가 있는 사거리에서 맞은편 주유소 옆쪽의 도로로 들어간다. 왼편으로 식당 입구가 보인다.

스리 슬레라 깜풍 아이르
Seri Selera Kg. Air

생선은 왁자지껄한 시장 분위기에서 먹어야 제맛이라고 생각한다면, 이곳을 방문해 볼 만하다. 가격은 핸디크래프트 마켓 쪽의 야시장 쪽이 훨씬 저렴하지만 맥주를 함께 판매하지 않아서 아쉬울 때 좋은 대안이 된다. 꽤 늦은 시간까지도 문을 열기 때문에 술 손님들이 많다.

커다란 수조를 앞세운 여러 개의 해산물 식당들로 둘러싸인 오픈형 푸드코트는 우리나라의 수산시장과도 비슷한 분위기다. 관광객들이 주요 고객이라 서로 열심히 호객하는 분위기인데 우리나라 여행자들도 자주 들르는 곳이라 몇 가지 간단한 한국어 단어들이 들려오기도 한다. 얼핏 보면 모두 다른 가게 같지만 사실은 서너 개의 큰 가게들이 여러 곳에 나누어 자리를 잡고 있다.

주문 방법은 가게마다 저렴하게 파는 종류들이 조금씩 다르다. 일단 먹고 싶은 음식 종류를 정한 후 해당 어종을 싱싱하고 저렴하게 구비해 둔 곳을 찾는 것이 좋다.

스파이시 칠리소스로 요리한 가리비, 500g

지도 P.53-C 주소 Kampung Air, Kota Kinabalu 운영 12:00~01:30 요금 타이거 프라운 1마리 RM30~70 가는 방법 센터 포인트 사바에서 주유소와 캐논 사무실이 있는 방향으로 길을 건넌 후, 200m 정도 걸으면 오른편에 입구가 보인다.

줄을 서는 현지인 맛집

팟 키 Kedai Kopi Fatt Kee

시그니처 메뉴인 굴소스 치킨 윙, RM12

이 집의 별미인 굴소스 치킨 윙 Oyster sauce chicken wing을 맛보려면 긴 줄과 치열한 자리 다툼 정도는 각오해야 한다. 중국식 볶음요리를 전문으로 하는 서민 식당으로 끝없이 사람들이 밀려드는 곳이다. 살짝 퉁명스러운 종업원들에게 빈정이 상했다가도 저렴한 가격과 탁월한 맛에 그만 화가 풀려버리는 마성의 가게다.

허름하고 좁은 가게 앞 거리에 내놓은 테이블마다 치킨 윙이 한 접시씩 올려져 있는데, 마늘의 향이 은은하게 밴 양념 맛은 과히 달콤짭짤한 맛의 정석이라 할 수 있다. 부드러운 두부 요리나 아삭하게 볶은 야채 요리들도 수준급. 불맛을 잘 살리는 집이라 돼지고기나 소고기, 해산물 등 다른 볶음 요리들도 두루두루 만족스럽다.

> **Tip** 가게에서 자리 잡기
> 저녁이면 손님이 몰리는데 번호표나 뚜렷한 대기 순서가 없기 때문에 빈 테이블을 각자 알아서 잡아야 한다. 막 장사를 시작하는 17:00 무렵에 찾아가면 여유롭다.

지도 P.66-B·D ▶ 주소 Ang's Hotel(Jalan Haji Saman) **운영** 17:00~23:30 **요금** 굴소스 치킨 윙 RM12 **가는 방법** 위스마 메르데카 쇼핑몰에서 큰길 건너편에 위치.

이 풍 Kedai Kopi Yee Fung

클레이폿 치킨 라이스
Claypot Chicken Rice, RM8

새우와 닭고기, 유부와 숙주 등이 고명으로 올려진 락사, RM8

뜨끈한 뚝배기에 담긴 치킨 라이스와 달콤하면서도 칼칼한 락사 국물의 조화, 점심시간이면 가야 스트리트에서 제일 긴 줄이 늘어지는 이 집의 두 가지 대표 메뉴다.

사실 향신료가 익숙하지 않은 우리에게는 말레이식 돌솥비빔밥인 클레이폿 치킨 라이스 쪽이 더 입에 맞는다. 뚝배기에 육수를 넣어서 지은 밥에 짭조름한 치킨과 고추간장 소스를 섞어서 먹는데 뜨거운 밥을 후후 불어 먹는 것이 별미다. 달콤한 코코넛 밀크와 칼칼한 양념의 조화가 독특한 말레이식 국수요리 락사 Laksa도 다른 곳에 비하면 신맛이 별로 없는 편이라 한 번쯤 도전해 볼 만하다.

지도 P.67-C ▶ 주소 Lot 127, Jalan Gaya **전화** +60 88-312-042 **홈페이지** www.yeefunglaksa.com **운영** 월·금 06:30~18:00, 토·일 06:30~16:00 **요금** 락사 RM8, 클레이폿 치킨 라이스 RM8 **가는 방법** 호라이즌 호텔 앞 광장에서 가야 스트리트로 들어간다. 50m 정도 걸으면 오른편에 식당이 보인다.

거품이 흘러내리는 떼 따릭 펭
The Tarik Peng

8번, 삼겹살 바쿠테, RM7.5

유 키 바쿠테 Yu Kee Bak Kut The

저녁 시간마다 가게를 가득 메우는 유 키 바쿠테의 손님들은 늦은 밤 가야 스트리트를 왁자지껄하게 하는 장본인이다. 인도 한쪽을 장악하다시피 가득 테이블을 내 놓고도 줄을 서서 기다리는 손님들이 이곳의 인기를 말해주는 지표. 중국계 말레이인들이 즐겨 먹는 보양식인 바쿠테는 돼지고기를 한약재와 함께 달여낸 음식으로, 우리나라의 한방 갈비탕과도 얼핏 비슷한 맛이 난다.

조그만 종지에 담겨 나오는 부위들을 취향대로 선택할 수 있는데, 우리 입맛에는 갈비와 삼겹살, 살코기가 편안하다. 한약재 냄새가 은은하게 밴 부드러운 고기는 고추를 섞은 간장소스에 찍어 먹고, 뜨끈한 국물에는 흰 밥을 시켜서 말아 먹으면 배 속까지 든든해진다. 유부와 튀긴 빵, 찻주전자는 모두 별도 계산된다.

지도 P.66-D 주소 74, Jalan Gaya 전화 +60 88-221-192 운영 16:00~23:00 요금 갈비 1종지 RM7, 삼겹살 1종지 RM7.5 가는 방법 가야 스트리트의 제셀톤 호텔 건너편에 위치.

Tip 한자 메뉴 알아보기
영어 메뉴와 가격은 계산대 옆에, 테이블이 있는 벽 쪽에는 한자 메뉴와 사진이 걸려 있다. 야채볶음은 5번, 차+유부+튀긴 빵 세트는 6번, 미트볼은 7번, 삼겹살은 8번, 갈비(립)는 9번이다.

밀전병에 싸 먹는 베이징 덕 1/2마리

킹 후 King Hu Restaoran

맛만 있다면 위치 따위는 상관없이 사람들이 몰려드는, 맛집의 만유인력법칙은 세상 어디에서나 똑같다. 오가는 사람도 별로 없는 외진 상가촌에서 홀로 맛집의 아우라를 내뿜고 있는 작은 식당 킹 후의 대표 메뉴는 달콤한 소스를 발라 훈제한 베이징 덕 Bejing Duck. 바삭하면서도 쫄깃한 껍질과 기름기 쏙 뺀 부드러운 살코기, 채 썬 파를 밀전병에 올리고 감칠맛 나는 소스를 발라 싸 먹는다.

사실 고기도 고기지만 오리 뼈를 우려낸 뽀얀 국물이야말로 이 집의 핵심. 베이징 덕을 주문하면 설렁탕처럼 보이는 국물을 함께 내주는데 구수하면서도 기름진 국물 맛이 끝내준다. 한쪽은 파삭하게, 한쪽은 촉촉하게 익힌 교자 Dumpling도 빼놓을 수 없다.

지도 P.72-D 주소 Lot 3, GF, Jalan Pinang, Tanjung Aru 전화 +60 99-234-966 운영 11:30~14:00, 17:30~21:00 요금 베이징 덕 1/2마리 RM40~ 가는 방법 시내에서 그랩, 택시로 15분.

Tip 딴중 아루 비치에서 찾아가기
시내 중심에서는 꽤 떨어진 곳이라 그랩이나 택시를 타고 가는 것이 좋다. 도보로 가려면 딴중 아루 비치에 석양을 보러 갔을 때 들를 수 있다. 해변 입구의 반대편 큰길을 따라 15분 정도 걸어가다가, 왼편에 'Pantai Bistro' 간판이 붙은 하얀 건물이 보이면 상가촌 안쪽 골목으로 쭉 들어간다.

진하고 뽀얗게 우러난 오리 국물

튀긴 꽃빵 Man Tao

글로벌 푸드

스파이시 치킨 라이스

미트볼과 고기가 섞인, 믹스 비프 누들

베트남식 드리퍼로 내려 먹는 커피

페퍼민트 Peppermint

느끼한 속을 시원하게 풀어 줄 국물이 먹고 싶다면 베트남식 쌀국수를 판매하는 페퍼민트를 추천한다. 코코넛 밀크나 낯선 향신료가 들어가지 않아 국물 맛이 익숙하면서 구수하다. 국수에 올려진 양파와 고기를 국물 속으로 휘휘 저어 넣은 다음, 간장과 칠리소스, 레몬, 숙주, 아주 매운 고추 등은 입맛대로 더해 먹는다.

바삭하게 튀긴 치킨에 달콤 짭짤한 소스를 뿌린 스파이시 치킨 라이스 Spicy Chicken Rice도 좋다. 가는 쌀국수와 야채를 라이스페퍼로 말아서 튀기는 스프링롤도 전채로 그럴싸하다. 마무리는 진하게 내린 커피를 달콤한 연유에 섞어 먹는 베트남식 커피로, 말레이시아, 코타키나발루 가야 스트리트에서 만날 수 있는 베트남식 정찬이다.

지도 P.67-B **주소** Jalan Gaya, Kota Kinabalu **운영** 10:00~22:00 **요금** 비프 누들 RM8.5~11.2, 스파이시 치킨 라이스 RM7.5, 스프링롤 RM5.9 **가는 방법** 가야 스트리트의 여행안내소에서 길을 따라 남쪽으로 걷는다. 작은 분수가 있는 사거리 코너에 있다.

주빠 디 마레, RM28.9, 스파게티 면을 넣으면 RM3 추가

리틀 이탤리 Little Italy

코타키나발루에서 가장 맛있는 이탈리아 음식을 먹을 수 있는 식당으로 외국인과 현지인들 모두에게 추천받는 곳이다. 이탈리아에서 건너온 가족들이 운영하는 곳답게 라비올리 Ravioli와 뇨키 Gnocchi를 직접 만드는 등 이탈리아 본토의 맛을 충실히 지켜가고 있다.

그중 놓치지 말아야 할 명물 요리는 오징어와 새우, 조개와 관자를 듬뿍 넣어 만드는 이탈리아식 해산물 수프 주빠 디 마레 Zuppa di Mare. 타바스코 소스를 가미한 토마토 수프에 마늘과 해산물의 풍미가 어우러져서 칼칼하면서도 구수한 맛이 일품이다. 함께 주는 마늘빵을 적셔 먹어도 좋지만, 미리 스파게티 면 1인분을 추가해서 주문하면 국물 파스타처럼 푸짐해진다.

> **Tip 음료 추천**
> 탄산음료 가격이 비싼 편이다. 콜라(RM8.9)보다는 신선한 레몬을 바로 짜서 만드는 프레시 레모네이드(레귤러 RM9.9, 라지 RM11.9)를 추천한다.

지도 P.67-B **주소** Jalan Haji Saman, Capitol Hotel **전화** +60 88-232-231 **홈페이지** www.littleitaly-kk.com **운영** 10:00~23:00 **요금** 피자 RM20~, 주빠 디 마레 RM28.9(면 추가 RM3), Tax+S/C 16% **가는 방법** 호텔 캐피탈 1층 코너에 위치.

> **Tip** 코타키나발루에서 제일 맛있는 케이크
>
> 유럽 스타일로 만든 조각 케이크가 있다. 부드러운 케이크 시트에 화이트 초콜릿을 바른 화이트 초콜릿 크랜베리 케이크 White Chocolate Cranberry Cake를 추천한다.

칠리 바닐라 Chilli Vanilla

치킨 룰라드

코타키나발루에 체류하는 서양인들이 가장 선호하는 식당 중 하나. 소규모 레스토랑이지만 뉴욕 소호 거리 예술가들의 아지트 같은 아늑한 분위기로, 저녁 시간이면 빈자리를 찾기가 어렵다. 든든한 메인 요리로는 크림치즈와 시금치로 속을 채운 다음 롤처럼 말아서 튀긴 치킨 룰라드 Chicken Roulade를 추천한다. 함께 나오는 매시드 포테이토의 양도 많아서 한 끼 식사로 충분하다. 고추가 들어가 칼칼하면서도 구수한 헝가리식 소고기 야채스튜 굴라쉬 Hungarian Goulash는 매운 정도를 선택해 주문할 수 있다. 라임 주스는 설탕을 미리 넣지 않고 따로 시럽을 주기 때문에 당도를 조절할 수 있다.

지도 P.67-D **주소** 35, Jalan Haji Saman **전화** +60 88-238-098 **운영** 11:00~22:00, 일 휴무 **요금** 샐러드 RM17~24, 메인요리 RM16~41, S/C 10% 별도 **가는 방법** 위스마 메르데카 쇼핑몰에서 대로(Jalan Tun Razak)를 건넌 후 오른쪽으로 걸어간다. 세븐 일레븐 편의점 옆에 식당이 있다.

보르네오 프라이드 치킨
Borneos Fried Chicken

코타키나발루가 있는 보르네오 섬 사바 주에만 매장이 있는 프라이드 치킨 프랜차이즈. 프라이드 치킨에 치즈 소스를 뿌려주는 치지 치킨 Cheesy Chicken이 이곳의 대표 메뉴다. 살짝 칼칼한 향신료를 넣은 튀김 옷과 고소한 치즈 맛이 어우러지는 중독적인 매력이 있다. 우리나라의 체인점과 비교하면 치킨의 크기가 큰 편이며, 치킨 소스를 뿌린 밥과 콜라를 세트 메뉴로 파는 것도 독특하다.

또 하나의 추천 메뉴는 자르지 않고 통째로 튀기는 치킨. 한 마리나 반 마리를 주문과 동시에 튀기기 때문에 15분 정도 걸린다. 갓 튀겨낸 치킨의 촉촉한 속살은 언제라도 만족스러운 맛. 옛날식 시장 통닭처럼 껍질이 얇고 살짝 칼칼하게 매콤한 맛이 나 좋다.

반 마리 치킨 세트 Harf-Spring, RM15.8

> **Tip** 코타키나발루에만 두 곳!
>
> 센터 포인트 사바 쇼핑몰 지하 1층이나 힐튼 호텔 뒤편의 아시아 컴플렉스 건물 중 들르기 편한 곳으로 방문하자.

지도 P.53-C **주소** Lot L9-B1, Basement Floor, Centre Point Sabah **전화** +60 88 266 023 **홈페이지** www.borenos.com **운영** 10:00~22:00 **요금** 치지 치킨 라이스 세트 RM9.9, 반 마리 치킨 세트 RM15.8 **가는 방법** 센터 포인트 쇼핑몰 지하 1층 혹은 힐튼 호텔 뒤편 아시아 컴플렉스 건물 코너에 위치.

워터프런트 추천 식당

마이 야이 타이 오키드 Mai Yai Thai Orchid

후덥지근한 날씨에는 새콤하면서도 짭조름한 태국 음식이 생각난다. 라임을 듬뿍 사용해 상큼한 맛을 내고 생선을 발효시켜 만든 피시 소스로 간을 맞추는 태국 음식들을 맛보면 각각 기후에 맞는 음식이 따로 있음을 실감하게 된다.

무더운 날씨에 몸이 늘어진다면 새콤한 태국식 샐러드 솜땀부터 추천한다. 매운 고추와 라임, 말린 새우와 땅콩, 설탕과 피시 소스 등을 절구에 넣어 꽁꽁 찧은 다음 잘게 채 썬 그린 파파야에 버무리는 음식이다. 태국 본토에서 먹는 것보다 알싸하게 매운맛은 덜하지만, 외국인 입맛에 맞춘 순한 새콤달콤한 맛이라 오히려 먹기에는 더 편하다.

가벼운 식사를 원한다면 태국식 볶음 쌀국수인 팟타이 시푸드도 좋다. 역시 관광객 눈높이로 순화시킨 맛이니 피시 소스와 종려당, 타마린드 즙을 듬뿍 사용하는 현지 스타일을 원한다면 함께 내오는 고춧가루와 라임을 뿌려 먹어보자.

지도 P.53-B **주소** LOT 13 Waterfront, Jalan Tun Fuad Stephens **전화** +60 88-234-841 **운영** 11:30~23:00 **요금** 솜땀 RM15.3, 팟타이 시푸드 RM29.9, Tax 6% 별도 **가는 방법** 워터프런트에 위치.

코코넛 Young Thai Coconut
해산물을 넣은 볶음 국수 Pad Thai Seafood

파파야로 만든 샐러드, 솜땀 Somtam

> **Tip** 자리를 잡기 전, 바다 냄새를 체크하자
> 시즌과 날씨에 따라 간혹 워터프런트 근처의 바닷물에서 불쾌한 냄새가 날 때가 있다. 보통 워터프런트의 북쪽에 있는 어시장에서부터 시작해 '토스카니'와 '마이 야이 타이 오키드'를 포함한 중간 블록까지는 좀 더 냄새가 나고, 중간 이후부터 '부가'가 있는 끝쪽은 냄새가 덜한 편이다. 자리를 잡고 앉기 전에 끝까지 걸어보면서 그날의 상황에 따라 자리를 선택하자.

부가 Buga Korea Restaurant

코타키나발루에 있는 한식당 중에서 가장 전망이 좋은 곳이다. 그리운 한식을 먹으면서 워터프런트의 전망도 즐길 수 있으니 그야말로 일석이조. 워터프런트에 들어선 식당들 중에서는 시설이 깔끔한 곳이다. 24시간 문을 열기 때문에 언제라도 시원한 맥주와 함께 한식을 맛볼 수도 있다.

찌개에서부터 구이까지 한국인들이 떠올릴 만한 대부분의 한식 메뉴가 있다. 그중에서도 타지에 오면 가장 먼저 생각하는 음식인 김치찌개는 잘 익은 김치와 뭉텅뭉텅 썰어 넣은 돼지고기를 넉넉히 넣고 끓여 밥 한두 공기는 너끈히 비울 수 있다. 매콤달콤하게 양념한 제육볶음은 매운맛이 그리웠던 여자들에게 인기가 높다.

두툼한 돼지고기가 들어간 김치찌개

제육볶음과 기본 반찬들

지도 P.53-B 주소 Lot1B, KK Waterfront, Jalan Tun Fuad Stephen **전화** +60 88-251-222, 014-559-666 **홈페이지** www.bugafood.com **운영** 24시간 **요금** 김치찌개 RM25, 제육볶음 RM25, Tax+S/C 16% 별도 **가는 방법** 워터프런트에 위치.

토스카니 Toscani's

우리나라 여행자들 사이에서 유명한 이탈리아 식당. 동양인들이 지나가면 한국어로 호객하기도 하고 한국어로 된 메뉴도 준비해 두고 있다. 한국인들이 앉으면 매뉴얼처럼 '까르보나라', '페투치니 알라', '스테이크', '홍합 요리', '망고 라시'를 추천해주는 건 이 집의 장점이자 단점. 그동안 이곳을 거쳐 간 한국인들이 다들 먹어본 맛인지라 실패 확률이 작다는 점 때문인지 대부분 이 추천을 따르곤 한다.

사실 전망과 분위기 때문에 찾는 곳이지 파스타와 피자의 맛은 평범한 수준이다. 특이한 향신료나 재료를 사용하지 않고 관광객들의 대중적인 입맛에 맞춘 무난함이 가장 큰 장점. 페투치니 까르보나라는 적당히 짭짤하면서도 고소한 맛이라 누구나 무난하게 즐길 수 있다. 진한 망고 퓌레의 향이 느껴지는 망고 라시 역시 관광객들이 좋아하는 대중적인 단맛이다.

전채로 먹을 만한 크리미 시푸드 마리아나

짭짤하고 고소한 페투치니 카르보나라

지도 P.53-B 주소 Waterfront, Jalan Tun Fuad Stephens **운영** 11:30~23:00 **요금** 페투치니 카르보나라 RM19.9, 크리미 시푸드 마리아나 RM13.9, 시저 샐러드 RM15.8, Tax+S/C 16% 별도 **가는 방법** 워터프런트에 위치.

서민형 맛집

드라이 타입으로 주문한 상뉵미, RM8.5~10

갖가지 재료가 준비된 오픈형 주방

멜라니안 3 Kedai Kopi Melanian 3

한자로 읽은 생육면 生肉面이라는 글자 때문에 날고기가 아닐까 걱정했다면 일단 안심하자. 사바 음식의 대표 아이콘인 상뉵미 Sang Nyuk Mee는 돼지고기를 넣어서 만든 국수의 이름이다. 가게에 들어서면 우리나라 시장의 돼지국밥집 같은 냄새가 진하게 풍겨 오는데, 아니나다를까 큰 솥 가득 돼지고기 육수가 끓고 있다.

소스에 비빈 국수를 따로 내주는 드라이 타입과 국물에 말아주는 수프 타입 중에 고를 수 있는데, 기왕이면 달콤짭짤한 특제 소스에 비빈 국수와 구수한 국물 맛을 모두 볼 수 있는 드라이 상뉵미를 추천한다. 별도로 주는 국물에 가득한 미트볼이나 고기를 건져서 고추 소스에 찍어 먹으면 그 또한 별미다. 면 종류는 가는 쌀국수와 두꺼운 쌀국수, 통통한 에그누들 중에 고를 수 있고, 국물에 들어가는 고기 종류도 미트볼과 간, 창자 등의 포함 여부를 선택할 수 있다. 일단 다 먹어보고 싶으면 믹스 Mixed Pork Noodle를 외치면 된다.

지도 P.67-D **주소** No.34, Ground Floor, Jalan Pantai **전화** +60 16-829-8668 **운영** 07:00~15:00, 수 휴무 **요금** 상뉵미 RM7.5~11 **가는 방법** 호라이즌 호텔 정문을 등지고 왼쪽으로 걷는다. 사거리 2개를 지나면 왼편에 식당이 보인다. 호라이즌 호텔에서 도보 3분.

겉은 바삭, 속은 꼬들하게 볶는 시푸드 투아란 미, RM10

셍 힝 Kedai Kopi Seng Hing 成兴茶餐室

작은 커피숍 하나에 입점해 있는 가판대에서 사바 지역 최고의 명물 국수 두 가지를 만나볼 수 있다. 우선 사바의 전통 볶음 국수인 투아란 미 Tuaran Mee는 에그누들을 바삭바삭할 정도로 고열에 볶아낸 후 여기에 어묵과 생선 튀김까지 넣어 고소한 맛이 더욱 살아나는 국수 요리다. 기왕이면 통통한 새우까지 들어간 시푸드 투아란 미를 추천한다.

같은 가게 안에 입점해 있는 사바 스타일의 똠얌 미 Tom Yam Mee 역시 이곳의 명물 음식이다. 태국의 똠얌과 비슷하지만 신맛과 매운맛이 덜하고 대신 코코넛 밀크의 고소함이 강한 편이다. 부드러운 코코넛의 풍미가 새우의 감칠맛과 잘 어우러지며, 통통한 에그누들도 아삭한 숙주와 잘 어울린다.

<mark>지도 P.53-C</mark> ▶ **주소** Block E, Lot 10, Sinsuran Complex **전화** +60 88-211-594, 17-818-8855 **운영** 07:00~16:00 **요금** 시푸드 투아란 미 RM10, 똠얌 미 RM10~13 **가는 방법** 르 메르디앙 호텔 정문을 등지고 오른쪽에 있는 뒷골목으로 들어간다. 사거리에서 좌회전해서 걸으면 오른쪽 2번째 상가(E블록) 모퉁이에 있다.

> **Tip** 크다이 코피 Kedai Kopi
> 말 그대로 해석하면 커피 가게 즉 커피숍이다. 하지만 커피나 음료만 파는 장소가 아니라 여러 개의 음식 가판이 들어서 있는 서민형 식당이다.

> **Tip** 나시 짬뿌르와 나시 칸다르
> 미리 만들어 놓은 반찬들을 골라먹는 식당 중에서 말레이-인도네시아 음식이 많은 곳을 '나시 짬뿌르 Nasi Campur', 커리나 탄두리 등 인도계 음식이 많은 곳을 '나시 칸다르 Nasi Kandar'라고 한다.

레스토란 슴뺄랑 Restoran Sempelang

미리 만들어 놓은 반찬들을 골라서 한 접시 뚝딱 비울 수 있어 바쁘고 시간 없는 사람들을 위한 서민형 맛집이다. 이렇게 한 접시에 여러 반찬을 담아서 먹는 말레이 스타일 백반을 '나시 짬뿌르'라고 하는데, 반찬은 고기 종류와 채소 종류로 나뉜다. 대부분 달달하고 감칠맛이 강한 인도네시아 자바 스타일이라 우리나라 사람들에게도 익숙한 맛. 특히 인도네시아식 장조림인 소고기 른당 Redang Sapi과 상큼한 숙주나물을 추천한다. 나시 짬뿌르 가격은 선택한 반찬의 종류와 양에 따라 달라지며, 반찬이 떨어지는 점심시간 이후에는 단품 요리 중심으로 운영한다. 시간대 별로 판매하는 저렴한 세트들도 인기다.

<mark>지도 P.53-C</mark> ▶ **주소** Lot 33, Grnd Floor, Blok F Singgah Mata, Asia City **전화** +60 13-856-9778 **운영** 07:00~다음 날 01:00 **요금** 버짓 메뉴 RM3.9~4.9, 나시 고랭 RM3~6 **가는 방법** 센터 포인트 사바의 수트라하버 셔틀버스 정류장에서 큰길 건너편을 보면, 나무 뒤편 상가 코너에 식당이 있다.

말레이시아의 국민 아침식사, 카야 토스트

코타키나발루에 놀러 갔다가 돌아와서 가장 생각나는 음식 중 하나, 말레이시아와 싱가포르의 국민 아침식사 중 하나인 카야 토스트. 카야 토스트의 모든 것을 알아보자.

카야 토스트란?

간단하게는 구운 빵 사이에 카야 잼 Kaya Jam을 바른 것이다. 여기에 차가운 버터 조각을 빵 사이에 끼워 넣는다. 1950년대, 중국 하이난 지방에서 말레이시아 반도로 넘어온 화교들이 세운 커피숍에서 서빙하기 시작했다. 대부분 커피와 차를 곁들여 아침식사로 먹으며, 이때 반숙한 달걀을 함께 먹는 경우가 많다. 빵의 종류와 두께, 굽기 스타일에 따라서 다양한 스타일로 변형한 토스트가 있다.

카야 잼이란?

일명 말레이시아판 악마의 잼. 코코넛 밀크에 달걀과 설탕을 넣어서 만든 것으로 옅은 황록색을 띤다. 말레이시아와 싱가포르 사람들에게 가장 사랑 받는 식재료 중 하나이자 카야 토스트의 핵심 재료로 커스터드나 슈크림처럼 부드러운 질감과 은은한 단맛, 그리고 달달한 코코넛 향이 매력적이다. 특히 빵에 발라먹다 보면 쉽게 멈출 수 없는 중독성을 느낄 수 있다. 우리나라 여행자들이 제일 많이 사는 기념품 중 하나다.

카야 토스트의 단짝, 달걀 반숙

카야 토스트와 함께 먹는 달걀은 반숙으로 익혀 나오는데, 보통 작은 종지에 2개씩 제공된다. 스푼으로 껍질을 깨뜨려서 반숙 달걀을 종지에 담은 후 간장과 백후추로 간을 한다. 그리고 여기에 토스트를 푹 찍어 먹는다. 바삭하고 달콤한 토스트에 촉촉하고 짭짤한 달걀의 질감이 더해져서 단짠 음식의 환상적인 조화를 보여준다.

카야 토스트와 어울리는 음료는?

카야 토스트는 혼자 먹는 경우는 거의 없고 언제나 커피나 차를 함께 마신다. 코타키나발루의 날씨가 더워서 차가운 음료를 마시는 경우도 많지만, 토스트의 버터가 차갑게 굳은 상태로 나오기 때문에 따뜻한 음료와 마실 때 더 진한 맛을 느낄 수 있다. 또한 카야 잼의 단맛이 그다지 강하지 않아서 설탕이나 가당 연유가 잔뜩 들어간 달콤한 말레이시아식 커피와도 잘 어울린다.

카야 토스트 맛집

올드 타운 화이트 커피 Old Town White Coffee

코타키나발루에 다녀온 사람이 카야 토스트를 먹어 봤다고 한다면 십중팔구 이 집이었을 경우가 많다. 그만큼 한국인에게 널리 알려진 카페 레스토랑 체인점이다. 이 집의 카야 토스트는 얇은 갈색 식빵을 바삭 구운 다음, 카야 잼을 바르고 길쭉하게 자른 버터를 두어 조각 넣는다. 바삭하게 씹히는 식빵과 달콤한 카야 잼, 짭짤한 버터가 잘 어우러진다. 카야 토스트에 진한 커피 한 잔과 반숙 달걀을 곁들이는 말레이 스타일 아침 세트 메뉴도 판매한다.

코타키나발루에 처음 왔다면 제일 유명한 카야&버터 토스트를, 두 번째로 왔다면 대나무 바구니에 촉촉하게 쪄서 나오는 카야&버터 스팀 브레드를 먹어 볼 것을 추천한다. 부드러우면서도 쫄깃하게 씹히는 두툼한 식빵에 카야 잼과 버터를 직접 발라 먹는다. 커피와 토스트 외에도 나시 르막, 락사와 같은 다양한 말레이시아 음식을 맛볼 수도 있다. 음료와 식사, 디저트를 더한 다양한 프로모션이 항상 있다. 아침식사부터 자정까지 언제나 문을 여는 것도 장점이다. 단, 체인점이기 때문에 음식에서 세심한, 성실한, 디테일한 세팅과 맛을 기대하기는 힘들다.

지도 P.66-B 주소 Menara Jubili, 53, Jalan Gaya **전화** +60 88-259-881 **홈페이지** www.oldtown.com.my **운영** 06:00~01:00 **요금** 아침 세트(카야 토스트+반숙 달걀 2개+커피, 06:00~11:00) RM6.9, 카야&버터 스팀 브레드 RM4.8 **가는 방법** 가야 스트리트의 여행안내소에서 도보 1분, 제셀톤 호텔 길 건너편에 있다.

카야&버터 토스트

스팀 브레드

> **Tip** 화이트 커피 즐기기
>
> 가게 이름처럼 이 집의 수많은 커피 중에서도 '화이트 커피'가 유명하다. 말레이시아는 네덜란드 식민 지배 시절부터 커피를 재배하기 시작했다. 화이트 커피는 고소한 풍미를 더하기 위해 원두를 로스팅 할 때 마가린을 첨가한 것으로, 말레이반도 중부에 해당하는 이포 지방에서 시작되었다. 고소함과 쌉쌀한 맛이 은은하게 올라오는 화이트 커피는 카야 토스트와 궁합이 아주 좋다. 선물 포장된 다양한 올드타운 브랜드의 커피 믹스도 사갈 수 있다.

유잇 청 Yuit Cheong

100년 넘게 대를 이어가며 빵을 굽고 있는, 이 낡고 오래된 가게에서 먹는 카야 토스트의 맛은 각별하다. 1896년에 문을 연 이후 손님들 역시 대를 이어가며 방문하는 가게로, 빛바랜 사진들이 걸려있는 가게로 들어가는 순간 타임머신을 탄 기분이 든다. 유잇 청의 카야 토스트는 포슬포슬한 빵가루가 느껴질 정도로 바삭하게 구운 식빵이 특징. 얇은 토스트에 과하지 않게 바른 카야 잼과 버터는 딱 적당한 균형감을 자랑한다. 오랫동안 토스트를 만들며 찾아낸 '적당함'이 바로 이 집만의 비법이다.

지도 P.67-D·E ▶ 주소 No.50, Jalan Pantai **전화** +60 88-252-744 **운영** 06:00~18:00 **요금** 카야 토스트 RM1.5, 반숙 달걀 RM1, 사테 10개 RM8~ **가는 방법** 호라이즌 호텔 입구를 등지고 왼쪽으로 걸어간다. 사거리가 나오기 전 오른쪽 길 건너편을 보면 식당 입구가 있다.

> **Tip** 코피티암의 대표 메뉴, 사테
> '유잇 청'에 입점해 있는 사테 가판대도 코타키나발루의 명물 가게이다. 아얌 사테(닭고기 꼬치)와 다깅 사테(소고기 꼬치) 등이 있다. 사테를 찍어 먹는 고소하고 달콤한 맛의 피넛 소스가 일품. 사테는 오전 11시부터 먹을 수 있다.

푹 옌 Fook Yuen

두툼한 식빵 위에 듬뿍 바른 카야 잼, 여기에 차가운 버터를 통째로 잘라서 넣으면 푹 옌의 카야 토스트가 완성된다. 워낙 유명한 곳이라 몇 곳의 분점도 있는데, 여행자에게는 가야 스트리트 지점이 찾아가기에 편리하다. 빵과 잼, 버터의 단순한 조합이지만 묘하게 중독적인 맛이다. 특히 다른 곳보다 두툼하게 빵을 썰어주기 때문에 더 깊은 맛이 느껴진다. 차가운 커피나 차와 함께 먹는 것도 좋지만 버터가 사르르 녹는 맛을 느끼고 싶다면 따끈한 커피와 함께 먹는 것을 추천. 셀프 음식 진열대에서 볶음국수나 나시 르막과 같은 식사류도 판매한다. 그중에서 딤섬이 가장 인기가 많다.

> **Tip** 카야 토스트 주문법
> 셀프 음식 진열대에는 카야 토스트가 따로 없다. 토스트는 계산 카운터에서 음료와 함께 주문해야 한다. 영어 메뉴판에는 '브레드 Bread'라는 이름으로 '잼+버터' 등 원하는 옵션을 선택하도록 되어 있다. 또한 밀빵/보리빵과 일반빵/토스트빵 중 선택할 수 있다.

지도 P.66-B ▶ 주소 Lot 54, Ground Floor, Wisma Menara Jubili, Off Jalan K.K Bypass (Jalan Gaya) **전화** +60 88-484-454 **운영** 06:00~02:00 **요금** 토스트 RM1.7-1.8, 딤섬 RM5 **가는 방법** 가야 스트리트의 여행안내소 옆에 식당이 있다.

DESSERT & CAFÉ
코타키나발루의 디저트 & 카페

창문 너머 녹색 풍경이 시원한 자리

우! Woo!

사진에 담았을 때 예쁜 공간과 음식이 절대적인 인기를 끄는 요즘, 코타키나발루를 찾은 여행자들의 해시태그에는 '우'가 빠지지 않는다. 문을 열고 들어서는 순간 카페 이름과 똑같은 감탄사가 터져 나오는 곳으로, 바람이 잘 통하는 널찍한 공간에 넉넉한 간격을 두고 나무 테이블을 놓아 포근한 감성을 자아낸다. 벽은 온통 하얀색, 바닥은 강렬한 흑백의 지그재그 문양인데, 어떤 각도에서 찍어도 근사한 사진이 나오는 스튜디오 분위기이다.

가장 인기 있는 자리는 계산대를 뒤쪽 공간에 있는 넓은 창 아래의 테이블석. 창 너머로 보이는 녹색 나무들 덕분에 시원한 시야를 자랑하고 사진 배경으로도 제격이다. 대신 이 자리를 노리는 손님들이 많아서 약간의 운이 필요하다. 다른 공간 역시 친구들과 브런치를 먹으면서 수다 떨기에는 안성맞춤. 코타키나발루에서는 손에 꼽힐 만큼 훌륭한 커피 맛도 이 집의 인기 비결이다. 달콤 쌉싸름한 맛의 마차(말차) 무스 타르트도 꼭 곁들여 보자.

지도 P.67-B **주소** 7, Lorong Dewan **전화** 088 211 315 **운영** 화~일 09:30~23:30, 월 휴무 **요금** 브랙퍼스트 메뉴(~18:00) RM15~22, 파스타 RM19~21, 커피 RM7.5~15, 타르트 RM11 **가는 방법** 제셀톤 호텔 뒤편 대로를 건너 오스트레일리아 플레이스의 거리 초입에 있다.

치킨 소시지 브렉퍼스트

마차(말차) 무스 타르트

옥토버 커피 하우스 October Coffee House

오스트레일리아 플레이스에 있는 카페로 코타키나발루에서 유일하게 커피콩을 직접 로스팅 하는 곳이다. 코타키나발루에 2개의 지점이 있는데 가야 스트리트와 가까운 지점이 찾아가기 쉽다. 주변 카페들에는 인스타그램을 보고 온 관광객들이 많지만, 이곳에서는 오스트레일리아 플레이스에 위치한 대학교의 학생들이 노트북을 가져와서 커피 한 잔과 함께 과제나 토론을 하는 모습을 자주 목격할 수 있다. 시내에서 조금 떨어진 본점은 밝고 화사한 분위기이며, 가야 지점은 원목 베이스의 차분한 분위기이다.

커피는 아메리카노나 카푸치노 외에도 호주식 커피인 롱 블랙과 플랫 화이트도 제공한다. 싱글 오리진 원두커피 메뉴가 따로 있으며, 드립 커피와 사이폰 커피, 더치 커피도 있다. 커피 외 음료 중에서는 그린티 라테가 가장 인기 있다. 커피와 곁들여 먹을 수 있는 간단한 메뉴들로는 케이크, 토스트, 샌드위치류를 판매한다. 사장님이 한국인인 덕분에 한국식 토스트나 김치와 소고기 패티가 들어간 토스트 같은 한국적인 메뉴도 있다.

지도 P.67-B ▶ **주소** Jalan Gaya, Lorong Dewan **전화** 088-233-323 **운영** 11:00~24:00 **요금** 커피 RM8~15, 토스트/샌드위치 RM10~12 **가는 방법** 제셀톤 호텔 뒤편 대로를 건너 오스트레일리아 플레이스의 거리에 있다.

과일과 견과류가 듬뿍 올라간 프렌치 토스트

> **Tip** 인쇄소 거리, 오스트레일리아 플레이스 우!와 옥토버 커피 하우스가 있는 '오스트레일리아 플레이스'는 일명 인쇄소 거리로 불린다. 지금은 옛 인쇄소 자리에 분위기 좋은 카페들이 차례로 들어서고 있다.

디저트/베이커리

빅 애플 도넛 앤 커피 Big Apple Donuts & Coffee

도넛을 좋아하는 사람들은 말레이시아에서 한 번쯤 들러봐야 할 체인점이다. 갖가지 색깔의 달콤한 아이싱으로 뒤덮인 수십 가지 도넛들이 기다리는 곳. 결정 장애가 있는 사람이라면 유리 진열대 앞을 끝없이 방황할 수도 있다. 말레이시아 토종 브랜드로 아시아 각국에 매장 수를 공격적으로 늘리고 있는 중이다. 도넛 안에 단팥 소를 채우고 녹차 크림으로 코팅한 '밀키 웨이'처럼 독특한 조합의 도넛들도 판매한다.

지도 P.66-A 주소 Unit G-6, Ground Floor, Suria Sabah Shopping Mall 전화 088-487-333 홈페이지 www.bigappledonuts.com 운영 10:00~22:00 요금 도넛 RM3.3 커피 RM7~ 가는 방법 가야 스트리트의 여행안내소에서 호텔 sixty3 옆의 골목으로 대로가 나올 때까지 직진한다. 대로 건너편에 수리아 사바 쇼핑몰이 보인다. 쇼핑몰 내 위치.

요요 카페 Yo Yo Café

밝고 캐주얼한 분위기의 음료/디저트 카페. 이름은 카페지만 인테리어는 패스트푸드점 같은 곳으로 가벼운 마음으로 달콤한 디저트와 차를 즐기기에 적합한 곳이다. 특히 달달하고 시원한 버블 밀크 티가 가장 인기 있는 메뉴로 테이크 아웃해서 들고 다니는 사람들도 많다. 대부분의 매장이 쇼핑몰 안에 있는데 매장에 따라서 빵과 케이크도 판매하기도 한다. 빵을 판매할 경우 미니 크루아상을 찾아볼 것. 진득한 초콜릿을 바른 초코 크루아상이 특히 맛있다. 100g 봉지 단위로 판매하는데 바삭함과 달콤함의 조화 때문인지 한 봉지 구입하면 순식간에 사라진다.

초코 미니 크루아상

지도 P.66-A 주소 Lot B71 & B72, Lower Ground, Suria Sabah Shopping Mall(Jalan Tun Fuad Stephen) 전화 088-485-766 운영 10:00~22:00 요금 밀크티 RM4~ 빵/샌드위치 RM3.5~ 가는 방법 가야 스트리트의 여행안내소에서 호텔 sixty3 옆의 골목으로 대로가 나올 때까지 직진한다. 대로 건너편에 수리아 사바 쇼핑몰이 보인다. 쇼핑몰 내 위치.

더 로열 코코넛 The Royal Coconut

요즘은 우리나라 편의점에서도 코코넛이 들어간 제품을 비롯해 생코코넛까지 볼 수 있다. 하지만 코코넛의 본고장인 열대 휴양지에서 먹는 코코넛 맛에 비할 수 없을 터. 현지에서 코코넛 셰이크는 거리의 과일가게나 노점에서도 쉽게 사 먹을 수 있지만 맛과 위생 면에서 이곳을 추천한다. 설사 코코넛의 독특한 단맛을 선호하지 않는 사람도 갈증을 달래주는 시원한 맛에 이끌려 계속 먹게 된다. 코코넛 속을 파고 안에 푸딩을 담아주는 코코넛 푸딩은 모양만 봐도 그럴듯하다. 목이 마르다면 아이스크림보다는 코코넛 셰이크를 추천한다. 셰이크 위에 아이스크림을 토핑해 먹을 수 있다.

지도 P.67-D **주소** 44, Jalan Pantai, Pusat Bandar Kota Kinabalu **전화** 088-210-558 **운영** 월~토 12:30~22:00, 일 10:30~22:00 **요금** 코코넛 셰이크 RM5~7, 코코넛 푸딩 RM10, 코코넛 아이스크림 RM3~12 **가는 방법** 호라이즌 호텔에서 수리아 사바 쇼핑몰 쪽으로 도보 2분.

코코넛 푸딩

코코넛 아이스크림(4스쿱)

부아 부안 용 Buah Buahan Yong

코타키나발루에 온 보람을 찾으려면 눈에 보일 때마다 시원하고 달콤한 열대과일 주스를 많이 마셔두는 것이 좋다. 가야 스트리트 여행안내소 근처에 위치한 이곳은 슈퍼마켓을 겸하는 과일가게다. 가게 입구의 한편에 각종 생과일주스를 진열한 냉장 칸이 있는데, 망고, 바나나, 코코넛, 패션프루트, 용과 등 다양한 열대과일로 만든 주스가 있다. 생과일주스 외에도 과일이 들어간 밀크셰이크, 요거트 스무디, 푸딩까지 있어서 선택하는 재미가 쏠쏠하다. 과일을 먹기 좋게 썰어 소포장 한 것도 있다. 가격과 맛을 생각하면 매일매일 찾고 싶은 곳이다.

지도 P.66-A **주소** 53 Jalan Gaya, Menara Jubili **전화** 088-221-629 **운영** 월~토 08:00~22:00, 일 08:00~18:00 **요금** 생과일주스/셰이크/스무디 RM4.5~7 **가는 방법** 가야 스트리트 여행안내소에서 도보 2분.

다양한 색상의 생과일주스

멀티 베이크 Multi Bake

라오스, 베트남처럼 프랑스의 지배를 받았던 동남아시아 국가들은 본토의 제빵 기술을 물려받아 지금도 훌륭한 제빵 실력을 보여준다. 반면 말레이시아는 영국, 네덜란드의 지배를 받았음에도 음식 문화에 대해서는 별다른 혜택을 받지 못했으며, 특히 본토와 떨어진 코타키나발루에서는 더욱 기대하기 힘들다. 1990년에 센터 포인트 사바 쇼핑몰에 처음 문을 연 멀티 베이크는 코타키나발루에서 쉽게 만날 수 있는 베이커리 체인점이다. 적당한 가격으로 허기를 달래줄 다양한 빵들을 판매하는데, 그중에서도 에그 번이나 소시지 등이 들어간 기름진 빵들을 추천한다. 수리아 사바 쇼핑몰과 이마고 몰에도 매장이 있다.

지도 P.53-C 주소 Centre Point Sabah, LG층 전화 088-241995 홈페이지 www.multibake.com 운영 10:00~22:00 요금 빵 RM2.5~ 가는 방법 센터 포인트 사바 쇼핑몰 LG층 위치.

페낭 로드 페이머스 테오추 첸돌
Penang Road Famous Teochew Chendol

말레이시아 본토에 가면 꼭 먹어야 할 디저트가 있다. 바로 우리나라 팥빙수의 말레이시아 버전이라고 할 수 있는 첸돌이다. 문을 연지 82년 된 말레이시아에서 가장 유명한 첸돌 가게가 페낭에 있는데, 다른 도시에도 체인점을 늘리면서 드디어 코타키나발루에서도 맛볼 수 있게 됐다. 팥빙수처럼 곱게 간 얼음 위에 팥과 함께 면처럼 생긴 녹색 젤리가 얹어져 있다. 코코넛 밀크와 팜 슈가로 맛을 냈는데 얼핏 커피우유와 두유를 섞은 것과 맛이 비슷하다. 본점에 비해 가격이 3배나 비싸지만 대신 양이 더 많다. 말레이시아 사람들은 생선 베이스의 얼큰하면서도 시큼하고 매콤한 맛의 국수인 아삼 락사를 먹고 난 후 첸돌로 시원하게 입가심을 한다. 코타키나발루에 여행 와서 본토에 가지 않고서도 디저트 하나로 본토를 여행한 기분을 낼 수 있다.

첸돌 오리지널
Chendol Original

아삼 락사
sam Laksa

지도 P.73-B 주소 Lot 2-43, 2nd floor Imago Shopping Mall 전화 088-274-279 홈페이지 www.chendol.my 운영 10:00~22:00 요금 첸돌 오리지널 RM7.5, 아삼 락사 RM12.5 가는 방법 이마고 몰 내 위치.

SHOPPING
코타키나발루의 쇼핑

이마고 몰 Imago Shopping Mall

코타키나발루에서 가장 현대적이고 세련된 분위기를 자랑하는 대형 쇼핑몰이다. 주말이면 건물 전체가 북적일 만큼 현지인들도 즐겨 찾는 인기 쇼핑 명소. 가운데 뚫린 원형 공간을 두고 네 방향으로 뻗어 나가는 구조라 쇼핑몰 전체를 다 돌아보려면 의외로 시간이 걸린다. 쇼핑몰을 가득 채운 매장들은 유명 글로벌 브랜드에서부터 말레이시아의 대표 로컬 브랜드까지 총망라하고 있다.

한국인 여행자들이 즐겨 찾는 매장은 지하 층에 몰려 있다. 위스마 메르데카보다 좋지는 않지만 나쁘지 않은 환율의 환전소가 있고, 여행 기념품을 사기 좋은 슈퍼마켓과 현지 특산품 가게, 다양한 레스토랑과 카페들이 밀집해 있다. 환전하고 밥 먹고 커피 마시면서 쉬다가 기념품 쇼핑까지 한 번에 끝낼 수 있다. **이마고 몰 지하층의 에버라이즈 슈퍼마켓** Everise Supermarket에는 한국인 여행자들이 유독 많다. 알리 커피나 멸치 과자, 망고 젤리 같은 기념품을 사기 위해 들르는 것. 한국인 취향을 대폭 반영한 현지 특산품 진열대가 따로 있다. 주말 저녁에는 몰 주변 교통이 매우 혼잡하니 참고하자.

지도 P.52-C, P.73-B **주소** KK Times Square Phase 2, Jalan Coastal **전화** +60 88-275 888 **홈페이지** www.imago.my **운영** 10:00~22:00 **가는 방법** 수트라하버 리조트의 셔틀버스가 쇼핑몰 앞에 선다. 시내에서 택시로 10분

+Plus 체크할 만한 매장

여자들이 좋아하는 **빅토리아 시크릿** Victoria Secret과 코스메틱 매장들이 GF층에 있다. 한국 가격보다 저렴한 품목들이 있는 **맥** MAC, 화장품 멀티숍인 **세포라** Sephora와 **사사** Sasa 등이 인기다. 저가형 화장품이나 생필품 쇼핑은 **왓슨스** Watson's 같은 약국형 매장을 이용할 수 있다. 저렴한 신발 쇼핑을 즐기고 싶다면 **빈치** Vincci와 **바타** Bata 매장을 확인하자.

[각 층의 주요 매장]

2층	통신 회사(유심 판매), 현지식 푸드코트, 영화관, 헤어샵, 완구, 서점
1층	바타, 왓슨스, 허쉬파피, 스케쳐스, FOS
GF층	에스프리, 유니클로, 빈치, 빅토리아 시크릿, 맥, 슈에무라, 록시땅, 세포라, H&M, 찰스앤키스, 코튼온, 스타벅스, 어퍼스타
BF층	에버라이즈(슈퍼마켓), 환전소, ATM, 요요 카페, BBQ, 두부요(한식), KFC, 피자헛, 버거킹, 부스트, 티라이브, 빅 애플 도넛

수리아 사바 Suria Sabah

코타키나발루 시내 중심에 있는 대형 쇼핑몰이다. 제셀톤 포인트에서 가까운 곳이라 스노클링 투어 전후에 들르기 좋다. 시원한 에어컨 바람을 쐬어가며 잠시 더위를 식히는 장소로 활용할 수 있다. 쇼핑몰의 정문으로 들어가면 좌우 양쪽으로 2개의 긴 복도가 있는데, 말레이시아의 대표적인 로컬 브랜드에서부터 우리나라에서도 흔히 볼 수 있는 유명 글로벌 브랜드까지 다양한 매장들이 들어서 있다. 우리나라의 일반 백화점과 유사한 구조인 메트로자야 백화점도 입점해 있다.

특히 **3층에 있는 대형 슈퍼마켓 시티 그로서** City Grocer는 현지 특산품만 따로 모아 놓은 매장을 입구 부분에 대규모로 만들어 놓았다. 저렴한 여행 기념품으로 사기 좋은 커피와 초콜릿, 젤리 등 여행자들이 관심을 가질 만한 상품들이 많다.

3층 푸드코트에서는 푸른 바다를 바라보며 저렴하게 한 끼 해결할 수 있다. 미리 만들어 놓은 반찬을 골라 먹는 나시 짬뿌르 가게와 하이난 스타일의 치킨 라이스를 판매하는 가게가 제일 인기! 시원한 빙수나 음료를 즐기며 피곤한 다리를 쉬기에도 좋다. 창가 쪽 테이블을 잡으면 넓은 유리창 가득 코타키나발루 앞바다의 풍경이 펼쳐진다.

 지도 P.66-A **주소** 1, Jalan Tun Fuad Stephen **전화** +60 88-288-800 **홈페이지** www.suriasabah.com.my **운영** 10:00~22:00 **가는 방법** 가야 스트리트의 여행안내소에서 호텔 sixty3 옆의 골목으로 대로가 나올 때까지 직진한다. 대로 건너편에 쇼핑몰 건물이 보인다.

Plus 체크할 만한 매장

쿠알라룸푸르의 쇼핑몰보다는 덜 붐비는 편이라 **망고** Mango 등 SPA 브랜드의 할인상품을 골라잡기가 편하다. 세일기간이라면 참고할 것. 콘셉트 스토어인 **파디니** Padini와 아웃렛 매장인 FOS도 입점해 있어서 알뜰쇼핑을 할 수 있다. 저렴하고 실용적인 슬리퍼를 살 수 있는 **피퍼** Fipper와 **바타** Bata 매장도 확인해보자. 화장품이나 생필품을 살 수 있는 **가디언** Guardian과 **왓슨스** Watson's는 지하층에 있다.

[각 층의 주요 매장]

층	주요 매장
3층	수리아 푸드코트, 시티 그로서(슈퍼마켓), 폴로, 유아복
2층	전자&가전매장, 통신회사, FOS, 자리자리 스파, 피부관리숍, 미용실
1층	파디니, 에스프리, 바타, 피퍼, 패션&신발 매장, 홀리카 홀리카, 시크릿레시피
G층	어퍼스타, 판도라, 코치, 에스프리, 코튼 온, 망고, 파디니, 록시땅, Sasa, 스시테이, 스타벅스
지하	빅애플도넛, KFC, 피자헛, 케니 로저스, 요요카페, 지오다노, 가디언, 왓슨, 허쉬파피, 다이소

와리산 스퀘어 Warisan Square

쇼핑몰로서보다는 여행 온 김에 마사지를 받으러 들르게 되는 곳이다. 한국인 여행자들에게 유명한 마사지 가게들이 대부분 이곳에 입점해 있기 때문. 쇼핑몰 근처에서나 안에서는 마사지 손님들을 호객하려는 직원들이 연신 말을 건다.

와리산 스퀘어는 3개의 건물로 나누어진 주상복합 형태의 쇼핑몰로 그 규모가 꽤 크다. 하지만 쇼핑몰 안은 어두컴컴한 분위기로 매장 안을 걸어가다 보면 비어있는 가게들이 자주 보인다. 관광객들이 많이 다니는 워터프런트 바로 앞이라 쇼핑몰 바깥에서 보이는 가게들은 영업이 잘 되는 편이다. 한국인 여행자들은 외부 G층에 있는 스타벅스와 케이크로 유명한 외부 G층의 시크릿 레시피, 한식당인 고려정 등을 즐겨 찾는다.

지도 P.53-B 주소 Jalan Tun Fuad Stephens 전화 +60 88-447-871 운영 10:00~22:00 가는 방법 르 메르디앙 호텔의 맞은편, 워터프런트의 길 건너편에 있다.

위스마 메르데카 Wisma Merdeka

코타키나발루 시내에서 제일 환율이 좋은 환전소들이 모여 있는 쇼핑몰이다. 덕분에 여행 첫날 이곳부터 들러서 환전해가는 한국인 여행자들이 많다. 수트라 하버에 머무는 사람이라면 시내행 셔틀버스를 타고 위스마 메르데카의 정문 근처에서 내릴 수 있다.

환전소는 우리나라로 치면 1층인 'G층'에 여러 곳이 있다. 대부분 소규모로 운영하는 곳들이며 환전소 창구 앞에 그날의 환율을 게시하고 있다. 가볍게 한 바퀴 둘러보고 나서 가장 환율이 좋고 수수료가 없는 곳에서 환전하면 된다. 시내에 있는 다른 쇼핑몰에 비해 조금 오래된 건물이긴 하지만 현지인들이 즐겨 찾는 가게들이 많아서 손님은 항상 많은 편이다.

지도 P.53-A 주소 Jalan Tun Razak 전화 +60 88-232-761 홈페이지 www.wismamerdeka.com 운영 10:00~22:00 가는 방법 수리아 사바 쇼핑몰의 정문에서 'WISMA SABAH'라고 써진 흰색 건물 방향으로 직진하면 쇼핑몰 건물이 보인다.

> **Tip** 원화를 링깃으로 환전하기
>
> 코타키나발루는 말레이시아의 다른 도시들에 비해 원화의 환율이 좋은 편이다. 달러화로 가져가 다시 링깃으로 재환전할 필요 없이 원화를 바로 환전하면 된다. 단, 며칠 동안 쓸 소액 정도라면 택시를 타고 환율 좋은 환전소를 찾아가기 보다는 여행 동선 내에서 해결하는 것이 낫다.

KK 플라자 KK Plaza

코타키나발루의 시내 중심에 있는 쇼핑센터로, 주로 현지인들이 이용하는 곳이다. 워터프런트에서 야시장을 지나 산책하다 보면 센트럴 마켓의 길 맞은편에서 만날 수 있다. 매장 1층부터 3층까지 저렴한 옷 가게나 핸드폰 가게가 잔뜩 들어서 있는데, 건물 지하에는 가벼운 기념품 종류를 판매하는 대형 슈퍼마켓인 서베이 하이퍼마켓 Servay Hypermarket이 있어서 여행자들에게 제격이다.

현지인들이 즐겨 찾는 쇼핑몰이라 슈퍼마켓의 물건값도 많이 저렴할 것이라 생각할 수 있는데, 이마고 몰이나 수리아 사바의 슈퍼마켓과 비교해 볼 때 가격 상의 이점은 별로 없다. 단, 산책하다 들르기 편리한 위치 덕분에 여행자들이 계속 몰리는 분위기이다.

지도 P.53-A 주소 2A, Jalan Lapan Belas 전화 +60 88-221 979 운영 09:00~21:00 가는 방법 센트럴 마켓 맞은 편

> **Tip** 서베이 하이퍼마켓
>
> 시내 중심에 있는 센터 포인트 사바 Center Point Sabah 쇼핑몰 지하에 서베이 하이퍼마켓이 새로 문을 열었다. KK 플라자까지 가지 않고도 동일한 물건들을 구입할 수 있다.

+Plus 코타키나발루 슈퍼마켓 필수 쇼핑 리스트

알리 커피 Alicafe
인삼보다 좋다는 통갓 알리가 들어간 커피. RM15.

카야 잼 Kaya Jam
빵에 발라 먹으면 말레이시아에 다시 온 기분. 유리병과 캔 2가지 타입이 있고 브랜드도 다양하다.

사바 티 Sabah Tea
달콤한 밀크티 버전도 있다. 티백 RM4.2, 가루 밀크티 RM18.99.

말린 열대과일 Dried Fruits
망고를 비롯해 두리안, 망고스틴, 람부탄 등 다양한 열대과일이 있다. RM16.99~.

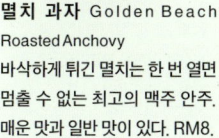

멸치 과자 Golden Beach Roasted Anchovy
바삭하게 튀긴 멸치는 한 번 열면 멈출 수 없는 최고의 맥주 안주. 매운 맛과 일반 맛이 있다. RM8.

망고젤리 Lot100 Mango Jelly
가벼운 선물로 주기 좋은 젤리. 망고 맛과 사과 맛을 제일 추천. 150g에 RM5.5.

ENTERTAINMENT
코타키나발루의 즐길 거리

바 & 펍

스카이 블루 바 Sky Blu Bar

도시와 바다가 마주하고 있고 그림 같은 석양을 지닌 코타키나발루지만, 의외로 괜찮은 루프탑 바가 많지 않다는 사실을 아는지? 그래서 추천할 수 밖에 없는 곳이 바로 그란디스 호텔 옥상의 스카이 블루 바이다. 호텔이 수리아 사바 쇼핑몰과 바로 붙어 있어서 찾아가기에도 쉽다. 일몰 시간보다 1시간 정도 일찍 방문하면 비교적 편안하게 좌석을 잡을 수 있다. 만일 바닷가 쪽에 자리를 못 잡았다면 일단 테이블을 잡고 석양이 올 무렵 사진을 찍으러 나가보자. 얼굴을 따갑게 때리던 햇빛이 점차 부드러워지기 시작하고, 몸속을 퍼지는 알콜이 조금씩 마음을 느슨하게 풀어주기 시작할 때 여행 온 보람이 느껴지기 시작한다.

지도 P.66-A **주소** Hotel Grandis **전화** +60 88-522 875 **운영** 11:00~24:00 **요금** 칵테일 RM20~, 맥주 RM23~ **가는 방법** 수리아 사바 쇼핑몰 옆

Tip 프로모션 전용 메뉴판
정식 메뉴판을 보기 전에 프로모션 전용 메뉴판을 보자. 버거에서 칵테일까지 기간에 따라 훨씬 저렴하게 제공되는 메뉴들이 기다리고 있다. 일반 메뉴는 6% 서비스 택스 Tax가 붙는 반면 할인 메뉴들은 추가 비용이 붙지 않는다.

클럽 바 Club Bar

힐튼 호텔의 1층에 위치한 클럽 바는 대낮에도 햇빛이 거의 통하지 않는 어둡고 고급스런 분위기의 바이다. 입구는 단촐해보이지만 내부는 넓고 고급스럽다. 밤에는 작은 라이브 무대도 열린다. 특히 스타우드 계열의 호텔답게 바텐더가 제대로 된 칵테일을 만들어주는데 가격도 합리적이다.
4가지 시그니처 칵테일이 있으며 추천 메뉴는 퍼페튜얼 Perpetual. 푸른 사과 빛깔 칵테일 위에 올려진 절인 고추를 함께 먹으면 상큼하게 리프레시 되는 기분이다.

지도 P.53-E **주소** Jalan Tunku Abdul Rahman, Asia City **전화** +60 88-356 000 **운영** 월~금 15:00~24:00, 토·일 15:00~02:00 **요금** 시그니처 칵테일 RM42~45, 카나페 RM15 **가는 방법** 힐튼 호텔 1층, 정면 뒷편에 문이 있다.

Tip 드레스코드
드레스코드가 있어서 스마트 캐주얼만 허용되며, 핫팬츠, 러닝셔츠, 슬리퍼를 신고 들어올 수 없다.

엘 센트로 EL Centro

타코나 피자를 안주 삼아 즐기는 맥주 한 잔, 느슨하고 자유로운 분위기에 한두 마디 농담을 건네는 친절한 직원들. 동남아시아 지역에서 서양인 배낭 여행객들이 모여드는 전형적인 분위기를 지닌 곳이다. 도로 쪽으로 열려 있는 오픈형 카페라 훤한 대낮에는 다소 썰렁한데, 밤만 되면 서양인 여행자들이 테이블을 가득 채우고 앉아 수다를 떠는 곳으로 변신한다.

다만, 저렴한 가격으로 함께 어울리는 분위기가 좋은 곳이지, 음식이나 칵테일의 품질이 최고는 아니다. 타코나 피자처럼 맥주에 어울릴 만한 가벼운 안주 종류들을 주로 많이 주문한다. 와인을 잔 단위로도 판매하며 캔 맥주 종류는 4개 단위로 주문하면 조금 더 저렴하다.

지도 P.66-D 주소 32, Jalan Haji Saman, Pusat Bandar 전화 +60 19-893-5499 홈페이지 www.elcentro.my 운영 12:00~24:00 요금 맥주 RM12~, 글라스와인 RM17~, 타코 RM15~22, 피자 RM18~25 가는 방법 위스마 메르데카 쇼핑몰에서 베스트 웨스턴 호텔 쪽으로 대로를 건넌 후 오른쪽으로 걷는다. 〈Lai Lai Hotel〉옆 도로변에 있다.

> **Tip** 마가리타
> '코타키나발루 최고의 마가리타'라는 인터넷 평 덕분에 마가리타를 주문하는 손님들이 많다. 사실 이 집 칵테일의 장점은 품질이 그리 뛰어나진 않지만 리조트에 비하면 저렴하다는 것. 말레이시아의 특성상 칵테일 수준이 많이 떨어지니 칵테일 맛에 기대하지는 말자.

감자튀김과 함께 나오는 램 찹 RM20.5

어퍼스타 Upperstar

푸짐하고 저렴한 스테이크에 얼음처럼 시원한 맥주라는 환상적인 조합을 맛보고 싶다면 이곳을 추천한다. 시설이나 분위기에 비하면 살짝 놀랄 만큼 합리적인 가격대를 자랑하는 레스토랑 겸 펍 Pub으로 현지 젊은이들의 데이트 장소로 인기를 끌고 있다. 야외 테라스에서 밤공기를 맡으며 낭만을 즐길 수 있으면서도, 2층이라 좀 더 안전하고 편안한 분위기에서 마실 수 있다.

메뉴는 일반적인 패밀리레스토랑처럼 피자와 파스타·샐러드·치킨 등으로 구성되어 있다. 그중에서도 만족도가 높은 것은 스테이크 종류. 특히 이 집의 특제 소스로 요리한 램 찹 Lamb Chop은 우리나라에 비하면 뛰어난 가격 대비 성능비를 자랑한다. 이마고 몰과 수리아 사바에도 지점이 있다.

지도 P.66-D 주소 Segama Complex 전화 +60 88-270-775 운영 12:00~다음날 01:00 요금 맥주 RM5~, 칵테일 RM12.95~16.5, 파스타 RM6.95~8.95, 램 찹 RM20.5, Tax&S/C 16% 별도 가는 방법 하얏트 리젠시 호텔의 맞은편 건물 1, 2층에 위치.

스파&마사지

자스민 Jasmine

적당한 가격이면서도 깨끗한 시설을 가진 중급 마사지 가게를 찾는 이들에게 인기 있는 곳. 마사지를 받는 공간이 별도의 룸으로 분리되어 있지 않고 커튼으로 가려져 있는 방식이긴 하지만, 말끔하게 관리하고 있어서 가격 대비 만족도가 높다. 우리나라 여행자들이 많이 찾는 만큼 한국인이 선호하는 스타일에 익숙하다는 평이다. 오일을 바르고 문지르는 말레이시아 스타일보다 강한 마사지를 원한다면 타이 마사지를 선택하는 것도 좋다.

시내 관광의 중심지인 워터프런트가 바로 코앞이라는 것도 장점. 운영 시간이 23:00까지로 넉넉하기 때문에 숙소를 체크아웃하고 밤 비행기를 타러 가기 전 시원하게 몸을 풀고 가는 장소로 많이 이용한다. 한국어 홈페이지의 다양한 프로모션을 확인해보자.

지도 P.53-B 주소 Unit A-02-01 Warisan Square, Jalan Tun Fuad 전화 +60 88-447 333 홈페이지 www.jasminemassage.co.kr 운영 10:00~23:00 요금 발 마사지 45분 RM65, 타이 마사지 60분 RM90 가는 방법 와리산 스퀘어 3층에 있다.

> **Tip** 코타키나발루의 마사지 즐기기
>
> 전통이 깊은 타이 마사지나 지압으로 유명한 중국 마사지, 저렴한 가격으로 승부하는 필리핀에 비하면 말레이시아의 마사지는 가격에서나 기술에서나 그리 인상적이지는 않다.
> 고급스러운 분위기를 만끽하는 기분 전환용이라면 특급 리조트의 스파를 예약하고, 저렴한 맛에 쉬어 가는 체험용이라면 와리산 스퀘어나 센터 포인트 근처에 밀집한 저가형 가게를 이용하자.

하코드 오아시스 스파 Hakod Oasis Spa

저렴하면서도 깔끔하게 마사지를 받고 싶을 때 찾게 되는 저가형 마사지 가게다. 전신 마사지를 하는 공간은 커튼으로 가린 침대 몇 개가 전부지만, 가격대에 비하면 깨끗하게 관리하고 있다. 워터프런트에서 석양을 보고 시장 구경 후 들려서 시원하게 마사지를 받기에 딱 좋은 위치인데다가 늦은 시간까지 영업하기 때문에 체크아웃 후 야간 비행기를 기다리는 동안 이용하기도 좋다.

저가형 마사지 가게에서는 찾아보기 힘든 '핫 스톤 테라피'가 이 집의 간판 메뉴라는 것도 장점이다. '등 마사지+핫 스톤'은 가격대가 저렴해서 한 번 체험 삼아 해 보아도 부담이 없다. 뜨겁게 달군 돌을 등에 문지른 다음 척추를 따라 올려놓는데, 따뜻한 기운이 온몸에 퍼지면서 피곤이 풀린다.

지도 P.53-B 주소 Block A, Warisan Square, Jalan Tun Fuad Stephen 전화 +60 88-487-700 운영 11:00~23:00 요금 전신 마사지 60분 RM68, 등 마사지+핫 스톤 RM58 가는 방법 와리산 스퀘어의 남쪽 건물, 2층 통로에 있다.

Sunset of Kota Kinabalu, Sutera Harbour Resort

HOTEL
코타키나발루의 숙소

특급 리조트

샹그릴라 탄중 아루 리조트 Shangri-La's Tanjung Aru Resort

공항에서 가장 가까운 특급 리조트로 늦은 밤 도착하는 여행자라면 우선 확인하는 곳이다. 시내와도 그리 멀지 않아서 맛집 탐방이나 스노클링 투어를 하러 가기에도 편리하다. 특히 리조트가 자리 잡은 딴중 아루 비치는 석양이 지는 정서향이라, 멀리 갈 필요도 없이 리조트 안에서 세계 3대 석양으로 손꼽히는 노을을 만끽할 수 있다. 여기에 세계적인 럭셔리 호텔 체인인 샹그릴라의 안정적인 서비스와 말끔한 리조트 시설까지 더해져 휴가 여행지로 손색이 없다.

객실 발코니에서 석양을 바라보고 싶다면 정원 너머로 바다가 펼쳐지는 '탄중 윙'을 추천한다. 시 뷰와 마운틴 뷰가 섞인 '키나발루 윙'은 조용한 휴식을 원하는 커플들이 선호한다. 어린아이와 여행하는 가족들에게는 수영장과 키즈 클럽이 무엇보다 중요한데, 여러 개의 슬라이드와 물놀이 시설을 갖춘 소형 워터파크와 아침부터 저녁까지 운영되는 키즈 클럽이 있다는 점 또한 만족스럽다.

지도 P.72-C **주소** 20 Jalan Aru, Tanjung Aru **전화** +60 88-327-888 **홈페이지** www.shangri-la.com/kotakinabalu/tanjungaruresort **요금** 키나발루 윙 시 뷰 RM799~, 탄중 윙 시 뷰 RM876~ **가는 방법** 공항에서 택시로 5분.

탄중 윙 시 뷰 룸

키즈 클럽

키나발루 윙 마운틴 뷰 룸

리조트 이용 백서

- 08:00 치 스파의 요가 파빌리온에서 열리는 요가 강습
- 09:00 카페 타투 Café TATU에서 조식 뷔페 즐기기
- 11:00 소형 워터파크에서 신나는 물놀이
- 13:00 코코 조스 바&그릴에서 해산물 바비큐로 점심 식사
- 15:00 조그만 인공해변의 선베드에 누워서 나른한 휴식
- 18:00 코타키나발루 최고의 선셋 포인트, 선셋 바에서 칵테일 마시기

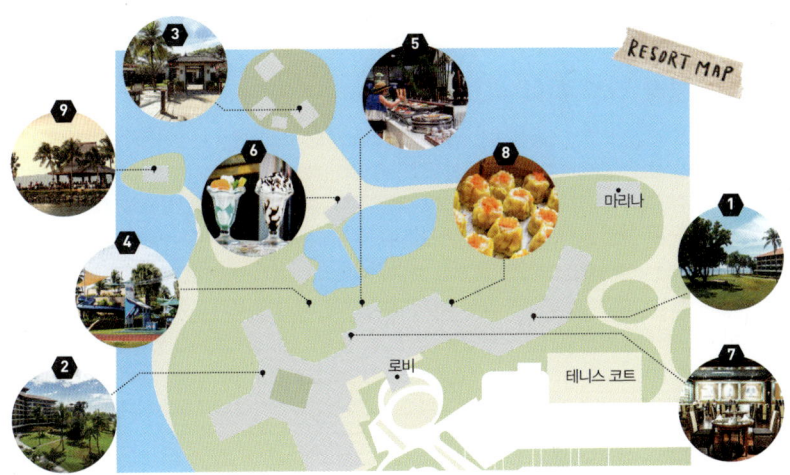

RESORT MAP

1 키나발루 윙 물놀이 장소와 떨어진 객실동으로 마운틴 뷰와 시 뷰가 섞여 있다.

2 탄중 윙 리조트 서쪽 부지를 바라보는 객실동. 전체 객실이 시 뷰.

3 치 스파 Chi Spa 최고급으로 인정받는 샹그릴라 호텔 대표 스파.

4 물놀이 장소 Water Play Area 총 100m 길이의 워터 슬라이드와 수영장이 있는 소형 워터파크.

5 카페 타투 Café TATU 조식과 석식이 제공되는 식당.

6 코코 조스 바&그릴 Coco Joe's Bar & Grill 야외 바비큐 식당 겸 바. 칵테일과 아이스크림도 있다.

7 페피노 Peppino 로맨틱한 저녁 식사 장소로 추천할 만한 이탈리안 파인 다이닝 레스토랑 (18:00~22:30).

8 샹 팰리스 Shang Palace 전통 중국요리를 선보이는 중식당. 주말의 딤섬 브런치 뷔페도 인기.

9 선셋 바 Sunset Bar 코타키나발루 최고의 선셋 포인트. 좋은 자리를 맡으려면 예약은 필수.

> **Tip 커플들을 위한 휴식 노하우**
>
> 조용한 휴식을 원하는 커플 여행자에게는 리조트 서쪽의 작은 인공해변이나 수심이 깊은 성인 풀의 선베드를 추천한다. 밤 비행기를 타는 경우, 최대한 늦게까지 리조트에 머물며 휴식하는 것이 좋다. 체크아웃 후에도 수영장과 샤워실 등을 이용할 수 있으니 리셉션에 문의하자.

오션 윙 프리미어 룸
Ocean Wing Premier Room

커다란 2인용 자쿠지가 있는
오션 윙의 테라스

샹그릴라 라사 리아 리조트 Shangri-La's Rasa Ria Resort

아름다운 풍경만 보면서 조용히 쉬고 싶은 사람, 고급스러운 리조트에서 한 발자국도 나가지 않고 그저 머물고 싶은 사람에게 추천한다. 특히 리조트에 딸린 해변이 마땅치 않다는 것이 코타키나발루의 최대 단점인데, 이곳만큼은 그런 걱정들이 무색할 만큼 아름답고 깨끗한 해변이 펼쳐진다. 기나긴 해변에 노을이 내려앉으면 바다와 하늘이 포도주색으로 물드는 장관을 만끽할 수 있다.

특별한 커플 여행이라면 '오션 윙'을 추천. 바다를 바라보는 테라스에 커다란 자쿠지와 데이 베드가 놓여져 있어서 로맨틱한 허니문으로도 손색이 없다. 여유로운 전용 풀과 한적한 전용 조식당도 따로 있어서 조용하게 쉴 수 있다. 가족여행이라면 수영장이 있는 정원으로 바로 갈 수 있는 가든 윙 1층이 편리하다. 바다를 향한 테라스에서 석양을 맞이하거나 넓은 정원을 하릴없이 산책하다 보면, 시내에서 멀리 떨어져 있어서 아무 데도 갈 수 없다는 이곳의 단점이 오히려 가장 큰 장점이라는 것을 깨닫게 된다.

지도 P.52-B **주소** Pantai Dalit Beach, Tuaran, Kota Kinabalu Sabah 89208 **전화** +60 88-797-888 **홈페이지** www.shangri-la.com/kr/kotakinabalu/rasariaresort **요금** 가든 윙 디럭스 가든 뷰 RM774~, 가든 윙 디럭스 시뷰 RM859~, 오션 윙 프리미어 RM1292~ **가는 방법** 공항에서 택시로 40~50분

Tip 특별한 에코 투어 프로그램

자연보호구역에 위치한 특성을 백분 활용한 프로그램들을 운영 중이다. 리셉션을 통해 사전 예약을 받는다.

❶ 캐노피 워크 Canopy Walk
가이드와 함께 정글 속을 걸으며 산속의 동물들을 관찰한다.

❷ 버드 워칭 Bird Watching
10m 높이의 캐노피 워크를 걸으며 60여 종의 새들을 관찰한다.

❸ 나이트 워크 Night Walk
정글 속에 사는 야행성 동물들을 관찰한다.

캐노피 워크 체험

리조트 이용 백서

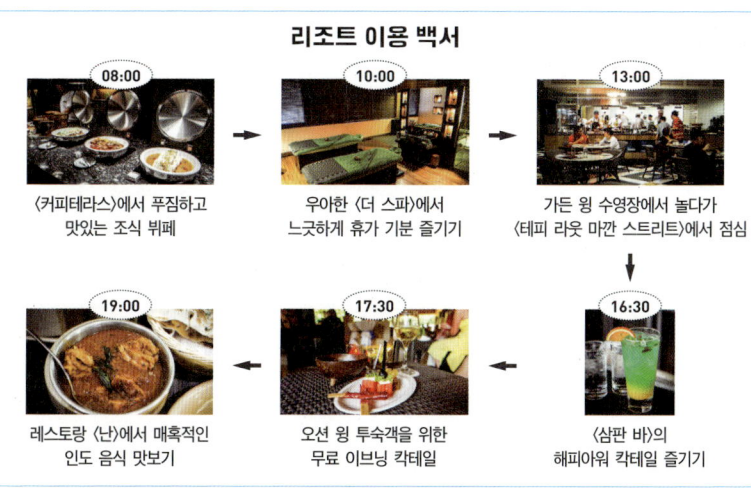

- **08:00** 〈커피테라스〉에서 푸짐하고 맛있는 조식 뷔페
- **10:00** 우아한 〈더 스파〉에서 느긋하게 휴가 기분 즐기기
- **13:00** 가든 윙 수영장에서 놀다가 〈테피 라웃 마깐 스트리트〉에서 점심
- **16:30** 〈삼판 바〉의 해피아워 칵테일 즐기기
- **17:30** 오션 윙 투숙객을 위한 무료 이브닝 칵테일
- **19:00** 레스토랑 〈난〉에서 매혹적인 인도 음식 맛보기

RESORT MAP

1 커피 테라스 Coffee Terrace 가든 윙의 조식당. 인터내셔널 뷔페가 제공되는 메인 레스토랑이다.

2 오시아노 Oceano 오션 윙 조식 장소. 저녁엔 이탈리안 레스토랑이다.

3 난 Naan 독특한 풍미로 인기를 끌고 있는 인도 음식 레스토랑 (18:30~22:30).

4 코잔 Kozan 일본식 데판야키를 전문으로 하는 레스토랑 (18:30~22:30).

5 테피 라웃 마깐 스트리트 Tepi Laut Makan Street 가든 윙 수영장 옆 푸드코트. 저녁은 뷔페로 운영.

6 삼판 바 Sampan Bar 선셋 칵테일을 마시기에 제일 좋은 장소. 해피아워 찬스를 놓치지 말자.

7 로비 라운지 음료나 스낵 가능. 라이브 공연을 하는 저녁이면 더 근사한 분위기다.

8 달릿베이 골프클럽 습지대 골프 코스로 유명한 18홀 골프장.

9 가든 윙 수영장 낮은 수심의 키즈 풀과 워터슬라이드, 성인용 수영장이 있다.

10 오션 윙 수영장 오션윙 투숙객만 이용할 수 있는 전용 풀.

11 키즈클럽 아이들을 위한 다양한 프로그램이 있으며 08:00부터 22:00까지 운영.

12 더 스파 리조트 내 럭셔리 스파. 고급 스파 트리트먼트를 즐길 수 있다.

> **Tip 골퍼스 테라스**
> 달릿베이 골프클럽의 부설식당인 골퍼스 테라스 Golfer's Terrace에서는 오징어볶음(RM38)과 불고기 덮밥(RM22) 등 간단한 한식 종류도 판매한다(07:00~19:00).

마젤란 수트라 리조트
거실과 침실이 분리된
이그제큐티브 스위트

마젤란 수트라 리조트
딜럭스 씨뷰

수트라하버 리조트 Sutera Harbour Resort

코타키나발루 여행의 대명사가 될 정도로 널리 알려진 코타키나발루의 대표 리조트이다. 요트 항구인 마리나 선착장과 27홀의 골프 코스가 있을 만큼 넓고 아름다운 부지가 장점으로, 흰색 요트들이 정박한 항구에 내려앉는 노을의 풍경은 어디라도 부럽지 않을 만큼 근사하다. 굳이 리조트 밖으로 나갈 필요가 없을 만큼 부대시설이 잘 갖추어져 있는데, 5개의 수영장과 작은 해변, 레저시설, 키즈클럽 등 다양한 놀이시설이 있어서 아이를 동반한 가족에게도 인기가 높다.

열대 휴양지 분위기가 물씬 나는 마젤란 수트라 리조트 The Magellan Sutera Resort와 현대적인 호텔 건물로 설계한 퍼시픽 수트라 호텔 The Pacific Sutera Hotel이 같은 부지 안에 있다. 비즈니스 목적이 아니라 휴가를 즐기기 위해 방문한 거라면, 퍼시픽 수트라 호텔보다는 전통적인 리조트 풍으로 설계한 마젤란 수트라 리조트를 추천한다. 딜럭스 씨뷰의 경우 바다를 향한 발코니에서 석양을 바라보기 좋아서 투숙객들의 만족도가 높다. 석양이 질 때면 브리지 비치 클럽 옆쪽에 있는 해변이나 마리나 선착장 주변에서 산책을 즐겨도 좋다.

지도 P.52-C, P.72-A 주소 1 Sutera Harbour Boulevard, Sutera Harbour 전화 +60 8831-8888, 수트라하버 리조트 한국사무소 02-752-6262 홈페이지 www.suteraharbour.co.kr 요금 퍼시픽 수트라 호텔 딜럭스 골프뷰 RM519~, 마젤란 수트라 리조트 딜럭스 씨뷰 RM697~ 가는 방법 공항에서 택시로 10분.

> **Tip 시내행 셔틀버스**
>
> 호텔과 시내 사이를 오가는 셔틀버스를 하루 4번 운행한다. 1인당 성인 RM3.20, 어린이 RM1.60(골드카드 소지자는 무료)으로 리셉션에서 구입. 단, 시내에서 호텔로 돌아오는 셔틀버스는 교통 상황에 따라 연착이 자주 생기고, 좌석 수가 한정적이라 못 타는 경우도 발생하니 참고하자.

퍼시픽 수트라 호텔 쪽에 있는 해변

리조트 이용 백서

- **08:30** 파이브 세일즈에서 조식 뷔페 즐기기
- **10:00** 마리나 선착장에서 마누칸 섬으로 스노클링 떠나기
- **14:00** 뜨거운 햇빛을 피해 마리나 클럽에서 볼링 한 게임
- **14:30** 아이들이 클럽에서 노는 동안 〈만다라〉에서 느긋한 스파
- **16:00** 〈머핀즈〉에서 아이스커피와 머핀으로 충전
- **18:00** 바다를 바라보는 레스토랑 〈알 프레스코〉에서 선셋 디너

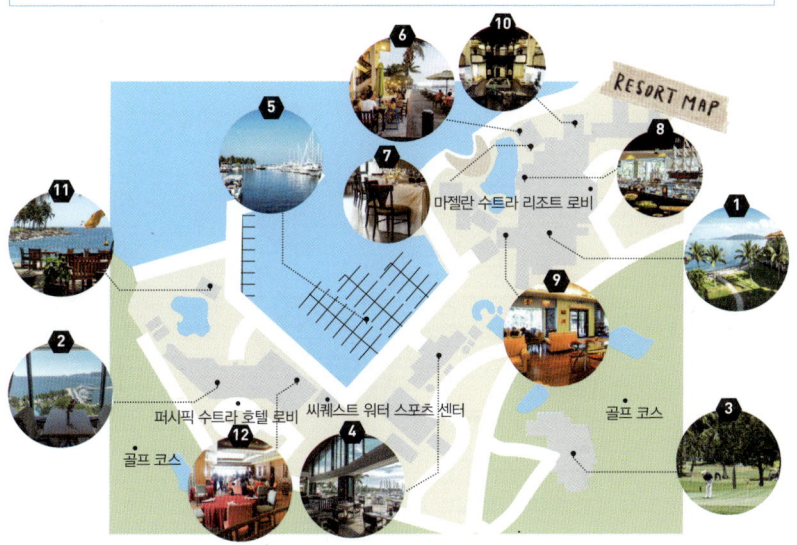

RESORT MAP

1 마젤란 수트라 리조트 휴양지 분위기가 물씬 나는 5층짜리 리조트. 가족 여행자들이 선호한다.

2 퍼시픽 수트라 호텔 현대적인 12층짜리 호텔 건물로 비즈니스 여행자들이 선호한다.

3 골프&컨트리 클럽 06:00~16:30 까지 운영하는 27홀의 골프 코스.

4 마리나 클럽 영화관, 볼링장, 테니스장 등 다양한 레크리에이션을 즐길 수 있다.

5 마리나 선착장 요트들이 가득 정박한 항구. 인근 섬으로 가는 보트도 운영한다.

6 알 프레스코 Al Fresco 노을을 바라보기에 좋은 포인트. 피자와 파스타, 스테이크가 인기 메뉴다.

7 페르디난드 Ferdinand's 우아한 분위기를 즐길 수 있는 파인 다이닝 레스토랑(18:00~23:00).

8 파이브 세일즈 Five Sails 조식 뷔페와 석식 뷔페 장소.

9 머핀즈 Muffinz(10:00~22:00) 시원한 베이커리 카페. 머핀과 샌드위치, 케이크 등을 판매한다.

10 만다라 스파 Mandara Spa 마젤란 수트라의 럭셔리 스파. 발리 스타일의 마사지가 시그니처 메뉴.

11 브리지 비치 클럽 Breeze Beach Club 선셋 칵테일이나 맥주를 마시기에 좋은 장소(11:00~23:00).

12 실크가든 Silk Garden 한 번에 4가지씩 주문할 수 있는 런치 딤섬 뷔페로 유명한 중식당.

13 카페 볼레 Cafe Boleh 퍼시픽 수트라의 뷔페 레스토랑.

한국인 여행자들을 위한 골드카드 사용법

골드카드의 포함 내역을 살펴본 후 제일 필요한 날을 2일 연속으로 신청해야 한다. 호핑투어는 골드카드 사용기간 중 1회 이용 가능하며, 레이트 체크아웃은 골드카드 이용 고객이면 무료로 가능하니, 알차게 사용하도록 하자.

요금
1일 성인 USD90, 만 5~12세 USD60,
만 0~4세 무료(최소 2일 이상 연속)

구매처
수트라하버 리조트 국내의 공식 예약센터나 국내 여행사에서 객실 예약 시 구매 가능. 해외 호텔 예약사이트(아고다, 익스피디아, 호텔스닷컴 등)를 통해 객실 예약 시 골드카드 구매 불가.

포함 내역
* 리조트 내 레스토랑 지정된 세트 메뉴&뷔페,
음료 1잔 포함(알코올류 제외)
* 골프 드라이빙 레인지 골프공 50볼 무료(1일 기준, 사전 예약 필수)
* 마누칸 섬 호핑투어 카드 사용 기간 중 1회, 해산물 BBQ 런치 뷔페와 왕복 보트 포함
* 키디즈 클럽(마리나 클럽 2층), 리틀 마젤란(마젤란 1층) 무료
키디즈 클럽 09:00~21:00(주말은 08:00 오픈), 리틀 마젤란 09:00~22:00
* 마리나 클럽의 스포츠 액티비티 무료 이용
* 호텔-시내 간 왕복 셔틀버스 무료 이용
* 레이트 체크아웃 마지막 날 체크아웃 18:00까지 연장(객실 상황에 따라 변경 가능)
* 그 외 리조트 내 레스토랑 식음료(알코올, 담배 제외), 북보르네오 증기기관차, 스파, 씨퀘스트에서 10% 할인 등

Tip 골드카드로 즐기는 베스트 레스토랑
골드카드로 이용할 수 있는 레스토랑 중에서 한국인들에게 가장 인기 높은 베스트 메뉴 5가지를 추천한다.

No.1 파이브 세일즈 디너 뷔페
(18:30~22:00) 해산물과 화려한 디저트가 추가되어 조식 뷔페와는 판이하게 다른 모습이다.

No.2 알 프레스코 디너 세트
(18:30~22:00) 가장 멋진 석양을 볼 수 있는 뷰 포인트. 수프와 메인, 디저트로 이어지는 3코스

No.3 실크가든 런치 딤섬 세트
(11:00~14:30) 딤섬으로 유명한 실크가든의 대표 메뉴를 맛볼 수 있다. 수프와 8가지의 딤섬, 식사, 디저트로 끝난다.

No.4 마누칸 섬 런치 BBQ뷔페
(12:00~14:30) 해변의 테이블에서 즐기는 BBQ뷔페. 새우와 갈비 등 인기 음식을 공략하려면 오픈 초반을 노리자.

No.5 페르디난드 디너 세트
(18:30~22:00) 로맨틱한 파인 다이닝을 이용해볼 수 있는 기회(1인당 추가 요금 15달러). 스테이크나 생선요리를 메인으로 하는 3코스다.

키나발루 빌라의 침실

가야 아일랜드 리조트 Gaya Island Resort

고즈넉한 섬에서 바다만 바라보며 보내는 휴가를 꿈꾸는 이들에게 추천할 만한 럭셔리 리조트다. 전용 보트를 타야만 들어갈 수 있는 불편함 덕분에 섬 한쪽을 전세 낸 기분이 든다. 툰쿠 압둘 라만 해양공원에 있는 가야 섬에 자리 잡은 곳이니 굳이 딴 섬으로 스노클링 투어를 떠날 필요도 없다. 한 번 들어오면 체크아웃 때까지 나가지 않는 손님이 대부분이라 스파와 요가센터, 24시간 문을 여는 피트니스 센터와 도서관 등을 갖추어 놓았고, 시간대별로 투숙객들이 참여할 수 있는 프로그램도 운영하고 있다.

가족여행자들이 선호하는 객실은 리셉션과 수영장 등 부대시설이 가까운 바유 빌라 Bayu Villa로 제일 저렴한 가격대라 예약률도 가장 높은 편이다. 전망은 언덕 위쪽에 자리 잡은 키나발루 빌라 Kinabalu Villa가 가장 좋다. 객실 앞의 테라스에 서면 푸른 남중국해를 지나 저 멀리에 키나발루 산의 모습이 보이기도 한다. 단, 식사 비용이 비싼 편(2인 기준 한화 10만~15만 원)이고 식사에 대한 만족도가 높지 않다는 것은 단점. 간식 종류를 충분히 챙겨 가면 좋다.

Tip 가야 아일랜드 리조트 이용 팁
보트가 포함되지 않은 옵션으로 예약한 경우 별도의 왕복 요금을 내야 한다. 삼시 세끼를 모두 리조트에서 해결해야 하므로 가능하면 식사까지 포함된 패키지를 이용하는 게 마음이 편하다.

지도 P.52-C, P.60-B **주소** Malohom Bay-Pulau Gaya Sabah **전화** +60 3-2783-1000 **홈페이지** www.gayaislandresort.com **요금** 바유 빌라 RM960~, 캐노피 빌라 RM1080~, 키나발루 빌라 RM1190~, 조식 포함, 셔틀 보트 요금 RM140, Tax 16% 별도 **가는 방법** 수트라하버 리조트의 마리나 클럽에 있는 사무실에서 체크인 후 셔틀 보트를 탄다.

리조트 이용 백서

- 10:00 보트를 타고 리조트 전용 선착장으로!
- 12:00 리조트 전용 해변에서 물놀이하기. 카약 1시간 이용은 무료
- 14:00 40m 길이의 한적한 수영장 마음껏 즐기기
- 16:00 사바 지역의 재료로 받는 자연주의 트리트먼트
- 18:00 시어터 룸에서 즐기는 요가와 명상 체험
- 19:30 전망 멋진 식당 Fisherman's Cove에서 저녁 식사

어느 리조트의 선셋이 제일 멋질까?

짧게는 3박 5일 정도의 일정 중 대부분의 저녁 시간을 자신이 묵는 리조트에서 보내게 된다. 그만큼 석양 무렵의 풍경이 어디가 좋을지는 여행자들에게 중요한 관심거리. 세계 3대 석양이라는 코타키나발루의 노을 풍경, 한국인들이 가장 많이 찾는 리조트 세 곳을 비교해 보았다.

샹그릴라 탄중 아루

최고의 선셋 포인트로 손꼽히는 딴중 아루 비치에 자리하고 있다. 특히 해가 바다로 지는 정서쪽 방향이라 리조트 부지를 산책만 해도 근사한 석양을 볼 수 있다. 리조트 제일 끝 부분에 자리 잡은 '선셋 바'를 포함해 정원 곳곳에 있는 부대시설을 이용하면, 특급 호텔의 세련된 서비스를 받으며 럭셔리한 시간을 보낼 수 있다. 선셋 바를 예약하지 않았다면 서쪽을 바라보는 작은 인공해변에 놓인 선베드 자리를 노려보는 것도 좋다.

샹그릴라 탄중 아루의 선셋 포인트 선셋 바 Sunset Bar

1 & 2 선셋 칵테일을 즐기기에 제일 좋은 포인트. 석양을 바라보며 누워 있을 수 있는 데이 베드가 인기를 끌고 있다. 로열 모히토 Royal Mojito와 페페리타 Pepperita, 레파레파 Lepa-Lepa가 시그니처 칵테일이다.

수트라하버 리조트

하얀 요트 위로 석양이 내려앉는 근사한 풍경을 볼 수 있다. 퍼시픽 수트라 호텔에는 선셋 칵테일을 즐기기에 좋은 브리지 비치 클럽이 있고, 마젤란 수트라 리조트에서는 알프레스코에서 노을을 바라보며 맛있는 식사를 할 수 있다. 로맨틱 디너를 즐길 수 있게 세팅해 주는 페르디난드는 허니무너에게 추천. 부지가 워낙 넓어서 해안가의 방파제를 따라 산책을 해도 좋다.

수트라하버의 선셋 포인트 알 프레스코 Al Fresco

3 & 4 석양을 바라보는 방향으로 자리 잡은 반 오픈형 레스토랑이라 선셋 디너를 즐기기에 제일 좋은 장소. 피자와 파스타, 스테이크가 인기 메뉴인 캐주얼 레스토랑이라 누구나 부담 없이 이용할 수 있다.

샹그릴라 라사 리아

광대한 자연 속에서 석양을 만날 수 있는 장소. 투숙객 말고는 아무도 찾지 않는 넓은 해변 위로 붉은 노을이 내려앉는다. 푹신푹신한 모래밭 위로 깨끗한 바닷물이 오가기 때문에, 석양으로 물든 해변을 맨발로 거니는 낭만도 즐길 수 있다. 커다란 캔버스 같은 하늘 위로 시시각각 변하는 노을의 모습을 오롯이 맞이할 수 있고, 해가 진 후 로맨틱한 분위기로 변하는 리조트의 풍경도 매력적이다.

샹그릴라 라사 리아의 선셋 포인트 삼판 바 Sampan Bar와 해변

5 & 6 삼판 바는 선셋을 바라보며 칵테일을 마시기에 제일 좋은 장소. 다른 어떤 리조트보다 깨끗하고 긴 모래밭이 이어지는 곳이라 노을이 지는 해변의 모래밭을 산책하는 것도 좋다.

도시형 고급 호텔

넓은 객실 공간

르 메르디앙 코타키나발루 Le Méridien Kota Kinabalu

코타키나발루 시내의 중심이라고 할 수 있는 워터프런트 바로 앞에 있는 5성급 호텔이다. 호텔 주위에 식당가와 쇼핑몰이 있을 뿐만 아니라 시내 어디든 쉽게 갈 수 있다. 기념품과 과일 시장이 호텔 바로 앞에 있고 야시장도 호텔 바로 앞에서 열리기 때문에 저녁 늦게까지 편안하게 돌아다닐 수 있다. 가장 기본형인 어반 룸도 시내의 호텔 중에서는 넓은 편이다. 비스타 시 뷰 등급을 선택하면 워터프런트에서 펼쳐지는 석양 풍경을 객실에서 볼 수 있다. 충성도 높은 고객이 많은 SPG 계열 호텔인 만큼 조식 뷔페 등 부대시설의 서비스도 탁월하다.

지도 P.53-C **주소** Jalan Tun Fuad Stephens, Sinsuran0 **전화** +60 88-322-222 **홈페이지** www.lemeridienkotakinabalu.com **요금** 더블 RM550~, 클럽룸 RM820~ **가는 방법** 핸디크래프트 마켓 길 건너편에 있다.

스탠더드 더블룸

하얏트 리젠시 Hyatt Regency

르 메르디앙 코타키나발루와 함께 코타키나발루의 도시형 특급 호텔을 대표하는 5성급 호텔이다. 지명도가 높은 하얏트 계열의 호텔답게 클래식하고 우아한 분위기. 빌딩형 건물을 가득 채운 288개의 객실은 중정을 바라보는 아트리움 뷰와 시내 쪽을 바라보는 시티 뷰, 바다 방향의 시 뷰까지 다양한 전망이 있다.

스탠더드 룸도 욕실이 개방형 구조라 충분히 넓은 느낌. 클럽룸이나 스위트 등급을 예약하면 호텔에서 가장 시원한 바다 전망이 펼쳐지는 클럽 라운지에서 이브닝 칵테일 서비스를 받을 수 있다. 물론 카바나가 딸린 작은 야외 수영장에서도 멋진 석양을 즐길 수 있다.

지도 P.53-A **주소** Jalan Datuk Salleh Sulong **전화** +60 88-22-1234 **홈페이지** www.kinabalu.regency.hyatt.com **요금** 더블 RM493~, 클럽 룸 RM793~ **가는 방법** 위스마 메르데카 쇼핑몰 옆에 있는 해안가 건물.

중급 호텔

슈피리어 트윈 룸

제셀톤 호텔 The Jesselton Hotel

가야 스트리트에서 가장 유서 깊고 고풍스러운 분위기를 가진 호텔이다. 1954년부터 운영을 해 온 코타키나발루 최초의 호텔이라 이곳에 묵는다는 것 자체가 역사를 체험하는 일이다. 원래 건물에서 현재의 장소로 옮겨 다시 인테리어를 하긴 했지만, 로비나 복도에 놓인 앤티크 가구에서 예스러움이 물씬 느껴진다.

객실 공간은 가장 기본형인 슈피리어 룸부터 넉넉하게 설계돼 있다. 말끔하게 리노베이션한 객실 역시 세월의 흔적 없이 잘 관리하고 있다. 4인 가족이라면 어른 두 명과 아이 두 명이 편안하게 머물 수 있는 스위트 룸을 추천. 침실과 완전히 분리된 거실도 시원스럽게 넓고 샤워부스와 욕조가 따로 있는 욕실 공간도 아주 크다.

지도 P.66-B **주소** 69, Jalan Gaya **전화** +60 88-223-333 **홈페이지** www.jesseltonhotel.com **요금** 슈피리어 RM220~, 디럭스 RM240~, 조식 포함 **가는 방법** 가야 스트리트의 여행안내소를 등지고 왼쪽으로 100m 정도 걸어가면 사거리 건너편에 있다.

호텔 식스티3 Hotel Sixty3

가야 스트리트에서도 제일 쾌적한 위치에 자리 잡은 비즈니스형 중급 호텔. 수리아 사바 쇼핑몰과 여행안내소가 지척에 있고, 가야 스트리트의 유명 맛집들도 가까이 있어 편리하다. 특히 최신 설비를 갖춘 객실과 욕실 공간을 아주 넓게 설계했다는 것이 장점. 샤워할 때 좁고 답답한 건 딱 질색인 사람이라면 그 어느 곳보다 만족도가 높을 호텔이다. 모든 객실마다 커피 포트와 미니 바 등의 편의시설이 있고, 거실 공간이 딸린 이그제큐티브 룸에는 월풀 자쿠지와 전자레인지도 있다. 단체 여행객이 많은 탓인지 건물 전체에 담배 냄새가 약간 배어 있는 것은 단점.

지도 P.66-B **주소** 63, Jalan Gaya **전화** +60 88-212-663 **홈페이지** www.hotelsixty3.com **요금** 스탠더드 더블 RM200, 슈피리어 더블 RM250, 디럭스 RM380, 조식 불포함 **가는 방법** 코타키나발루 여행안내소 정문 앞에 있다.

스탠더드 트윈 룸

호텔 캐피탈 Hotel Capital

위치가 좋은 중급 호텔. 수리아 사바 쇼핑몰과 환전하기 좋은 위스마 메르데카 몰이 바로 길 건너편에 자리하며, 가야 스트리트의 맛집들도 도보 2~3분 거리에 있다. 대로변 코너에 위치하며, 건물 전체가 알록달록한 외관을 갖추고 있어 찾기가 매우 쉬운데, 1960년대 코타키나발루에서는 최초로 지은 고층빌딩이었다.

벽이나 가구에서 세월의 흔적이 느껴지긴 하지만, 객실이나 욕실의 인테리어는 잘 되어 있는 편이다. 적당한 가격대의 중급 호텔을 찾는다면 만족스럽게 묵을 수 있는 곳. 냉장고와 커피포트 등 기본적인 편의시설을 갖추고 있고 침구류도 깨끗하게 관리돼 있다.

지도 P.66-B 주소 23, Jalan Haji Saman **전화** +60 88-231-999 **홈페이지** www.hotel-capital.inkotakinabalu.com **요금** 스탠더드 더블룸 RM200~250, 조식 불포함 **가는 방법** 수리아 사바 쇼핑몰의 대각선 방향 길 건너편에 있다.

드림텔 Dreamtel

비싸지 않은 가격으로 깔끔하게 묵을 수 있는 중급 호텔. 택시 대신 공항버스, 특급 리조트 대신 중급 호텔을 이용하며 합리적으로 여행하는 이들에게 추천할 만한 숙소다. 메르데카 광장 근처의 공항버스 종점이 근처에 있어 버스에서 내려 바로 이동하기에 좋은 위치. 큰길만 건너가면 가야 스트리트가 코앞이라 시내 구경을 하기에도 편리하다.

160여 개의 객실이 있는 10층짜리 건물은 중급 호텔 치고는 꽤 큰 규모로, 조식 뷔페를 제공하는 식당이 따로 있고 룸서비스도 24시간 운영한다. 높은 층 앞쪽 객실에서는 멀리 바다 전망이 보이기도 한다. 대신 저렴한 소재로 마감한 객실은 공간이 그리 넓지 않으며 방음이 잘 안 되는 편이다. 냉장고와 전기포트, 안전금고 등의 편의시설을 갖추고 있다.

지도 P.67-E 주소 5 Jalan Padang **전화** +60 88-240-333 **홈페이지** www.dreamtel.my **요금** 스탠더드 더블(창문 없음) RM180~, 슈피리어 더블 RM198~, 조식 포함 **가는 방법** 메르데카 광장 근처에 있는 공항버스 종점에서 도보 3분 거리에 위치.

배낭여행용 호스텔

공용 공간으로 사용하는 2층 라운지

2층 침대로 된 남자 도미토리

마사다 백패커 Masada Backpacker

코타키나발루를 찾은 배낭여행객들이 가장 선호하는 호스텔이다. 도미토리가 있어서 저렴한 가격도 장점이지만, 가야 스트리트 쪽에 있는 저가형 호스텔들보다 깨끗하게 관리를 하기 때문에 청결도 부분에서 만족도가 높다. 큰길을 건너서 조금만 걸어가면 가야 스트리트나 센터포인트 쇼핑몰 쪽으로 금세 이어져 편리하다.

배낭여행에 필요한 정보를 얻기가 쉽다는 것도 빼놓을 수 없는 장점. 여행자들에게 인기가 있다 보니 원래 있던 2층 외에도 1층 시설을 새로 확장했는데, 1층의 공용 욕실과 로비 시설이 좀 더 좋다. 아침 식사는 간단한 과일과 쿠키, 토스트 등으로 차려진다.

지도 P.53-C **주소** No.9, 1st Floor, Jalan Masjid Lama, Mosque Valley **전화** +60 88-238-494 **홈페이지** www.masadabackpacker.com **요금** 6인실 도미토리(공용 욕실) RM38, 더블(공동 욕실) RM93, 조식 포함 **가는 방법** 메르데카 광장 근처의 공항버스 종점에서 동쪽 방향으로 길을 건넌다. KFC와 킹 파크 호텔 사이의 골목으로 들어가면 오른편에 숙소 입구가 보인다.

남자 4인 도미토리

뒤뜰 정원

비앤비 앳21 B&B @21

코타키나발루 시내 중심부의 동쪽, 오스트레일리아 플레이스에 있는 호스텔이다. 대부분 객실이 도미토리이며, 방에 따라 철제 침대와 나무 침대를 함께 사용한다. 호스텔이 있는 거리가 오랜 역사를 가진 곳인 만큼, 건물 역시 조금 낡았지만 깨끗하게 관리하고 있다. 2층은 복도 바닥이 나무라서 발소리가 잘 울려 전체적으로 소음에 취약한 것이 단점.

도미토리에는 작은 크기의 개인 라커가 설치되어 있다. 아침식사는 주지 않지만 공용 부엌 시설을 잘 갖추고 있고 숙소 주변에 브런치를 전문으로 하는 세련된 카페들이 많아서 불편하지 않다. 건물 뒤편에 있는 작은 정원에는 휴식하기 좋은 테이블이 있다.

지도 P.66-B **주소** Lot 21, Lorong Dewan **전화** +60 88-210-632 **요금** 도미토리 RM38 **가는 방법** 코타키나발루 여행안내소에서 도보 4분.

한인 민박

커플 룸의 베란다에서 보이는 전망

이마고 몰의 레지던스 거실

마리 하우스 Mari House

수트라하버 바로 앞쪽에 있는 고급 타운하우스를 사용하는 한인 민박으로, 한국인 여행자들에게 가장 널리 알려진 곳이다. 오랫동안 한인여행사를 운영해 온 곳이라 필요한 여행정보를 손쉽게 구할 수 있고 여행 구성원들에게 적합한 투어도 추천받을 수 있다.

넓은 잔디밭과 수영장이 있는 근사한 타운하우스를 이용하는 것에 비하면 합리적인 가격도 장점. 주인과 같은 빌라를 사용하고 한식 조식이 포함된 커플룸부터 주인세대와 분리된 2베드룸/3베드룸의 콘도형 빌라까지 다양하게 선택할 수 있다. 이마고 몰에 있는 레지던스 빌딩에도 객실이 있는데, 쇼핑과 식사를 이마고 몰에서 한 번에 해결할 수 있어서 편리하다.

지도 P.73-A 주소 Townhouse No.32, Grace ville, Jalan Patai Sembulan **전화** 070-4062-9592, 카톡 ID marisong **홈페이지** cafe.naver.com/rumahmari **가는 방법** 공항에서 택시로 10~15분.

올리비아 하우스 Olivia House

인스타그램에서 녹색 정글 뷰의 방 사진으로 인기를 끌고 있는 한인 민박. 수트라하버 리조트 앞 타운 하우스에서부터 숙소 운영을 시작해서 현재는 시그널 힐 지역의 건물을 포함 3곳에서 숙소를 운영하고 있다. 특히 시그널 힐 건물은 방과 거실의 창밖으로 펼쳐지는 숲속 뷰가 핵심. 숙박비에 포함된 아침식사는 든든하게 한식으로 차려진다. 현지 정식 라이선스를 취득한 여행사(엠오 트래블)도 함께 운영하고 있어서 근교로 떠나는 일일 투어도 편리하게 예약할 수 있다. 또한 툰쿠 압둘 라만 공원의 가야 섬에 위치한 다이빙센터도 함께 운영하는 것도 이곳의 장점이다.

지도 P.66-A 주소 House 83 Jalan Bukit Bendera Lower, Signal Hill **전화** 070-8638-2050, 카카오톡 ID dtq3296/nef4624 **홈페이지** cafe.naver.com/kkolivahouse **가는 방법** 공항에서 택시/그랩으로 15분.

여행 준비

여권과 비자
증명서 발급
항공권 예약
여행자 보험
공항 가는 길
탑승 수속 & 출국
위급상황 대처법

여권과 비자

1 여권 발급

여권을 처음으로 발급 받는 경우, 또는 유효기간 만료로 신규 발급 받는 경우가 있을 수 있다. 여권 신청부터 발급까지는 보통 3일 정도가 소요되며, 유효기간이 6개월 미만 남은 여권의 경우 입국을 불허하는 국가가 있으므로 미리 확인하고 재발급 받아야 한다.

여권 발급 정보

발급대상
대한민국 국적을 보유하고 있는 국민

접수처
전국 여권사무 대행기관 및 재외공관

구비서류
여권발급신청서(외교부 여권 안내 홈페이지에서 다운로드 또는 각 여권발급 접수처에 비치된 서류 수령 가능), 여권용 사진 1매(6개월 이내에 촬영한 사진. 단, 전자여권이 아닌 경우 2매), 신분증, 병역관계서류(25~37세 병역 미필 남성: 국외여행 허가서, 만 18~24세 병역 미필 남성: 없음, 기타 만 18~37세 남성: 주민등록 초본 또는 병적증명서)

수수료
단수 여권 20,000원, 복수 여권 5년 4만 2,000원(24면) 또는 4만 5,000원(48면), 복수 여권 10년 5만 원(24면) 또는 5만 3,000원(48면)

2 비자 발급

국가 간 이동을 위해서는 원칙적으로 비자가 필요하다. 비자를 받기 위해서는 상대국 대사관이나 영사관을 방문해 방문국가가 요청하는 서류 및 사증 수수료를 지불해야 하며 경우에 따라서는 인터뷰도 거쳐야 한다. 다만 국가 간 협정이나 조치에 의해 무비자 입국이 가능한 국가들이 있으니 자세한 국가 정보는 외교부 홈페이지를 통해 확인하자.

외교부 홈페이지 www.passport.go.kr/new

증명서 발급

1 국제운전면허증

해외에서 렌터카를 이용하려면 국제운전면허증(www.safedriving.or.kr)을 발급받아야 한다. 신청 방법은 한국면허증, 여권, 증명사진 1장을 가지고 전국 운전면허시험장이나 가까운 경찰서로 가서 7,000원의 수수료를 내면 된다. 렌터카 이용 시에는 국제운전면허증뿐만 아니라 여권과 한국면허증을 반드시 모두 소지하고 있어야 한다.

> **Tip 영문 운전면허증**
> 2019년 9월부터 발급되는 운전면허증 뒷면에는 소지자 이름과 생년월일 등의 개인 정보와 면허 정보가 영문으로 표기된다. 이에 따라 영국·캐나다·싱가포르 등 최소 30개국에서 이 영문 면허증을 그대로 사용할 수 있게 된다. 영문 운전면허증이 인정되는 국가 상세 내역은 도로교통공단 홈페이지를 통해 확인할 수 있다.
> 도로교통공단 홈페이지 www.koroad.or.kr

2 국제학생증

학생일 경우 국제학생증을 챙겨 가면 유적지, 박물관 등에서 다양한 할인 혜택을 받을 수 있다. 발급은 홈페이지를 통해 가능하며 유효 기간과 혜택에 따라 1만 7,000원~3만 4,000의 수수료를 지불하면 된다.

국제학생증 홈페이지 www.isic.co.kr

항공권 예약

항공권 가격은 여행 시기, 운항 스케줄, 항공편(항공사), 좌석 등급, 환승 여부, 수하물 여부, 마일리지 적립률 등에 따라 달라진다. 일단 여행 계획이 세워졌다면 가능한 빨리 항공권을 예매해야 저렴한 가격에 구할 수 있다. 스카이스캐너, 네이버항공권, 인터파크 등을 비롯한 온/오프라인 여행사와 소셜 커머스를 활용하면 보다 쉽게 항공권 가격을 비교할 수 있다.

전자항공권(e-ticket) 확인

항공권 결제가 끝나면 이메일로 전자항공권을 수령한다. 이 전자항공권은 예약번호만 알아두어도 실제 보딩패스를 발권하는 데 무리가 없으나, 만약을 대비해 출력해두는 것이 좋다.

> **Tip** 항공권, 야무지게 예약하는 법
>
> **1 항공사 홈페이지** : 가격 비교 사이트를 주로 이용하는 여행자들이라면 항공사 홈페이지의 특가 상품을 간과하기 쉽다. 항공사에서는 출발일보다 1달, 혹은 그 이상 앞서 예약하는 이들을 위해 '얼리 버드' 상품을 내어 놓거나, 출발-도착일이 이미 정해진 특별 프로모션 상품을 왕왕 걸어둔다. 저렴한 항공권을 얻고 싶다면 항공사 SNS 계정이나 홈페이지를 자주 살필 것.
>
> **2 여행사 홈페이지** : 이른바 '땡처리' 항공권이 가장 많이 쏟아지는 플랫폼이 바로 여행사 홈페이지다. 주요 여행사 홈페이지에서 [항공] 카테고리로 들어가면 출발일이 임박한 특가 항공권을 확인할 수 있다. 이런 상품은 금세 매진되므로, 계획하고 있는 여정과 맞는 항공권이라면 주저하지 말고 예약하는 것이 좋다.
>
> **3 가격 비교 웹사이트 / 모바일 애플리케이션** : 가장 대중적인 항공권 예약 방법이다. 이때 해당 웹사이트의 모바일 애플리케이션을 활용하면 추가 할인 코드, 모바일 전용 상품 등을 통해 보다 다채로운 예약 혜택을 얻을 수 있다.

여행자 보험

사건 사고에 대처하기 힘든 해외 체류 기간 동안 여행자 보험은 여러모로 큰 힘이 되어준다. 보험 가입이 필수는 아니지만, 활동 중 상해를 입거나 물건을 도난 당하는 경우 등 불의의 사고로부터 금전적인 손실을 막을 수 있기 때문이다. 가입은 보험사 대리점이나 공항의 보험사 영업소 데스크를 직접 찾아가거나, 온라인/모바일 애플리케이션을 이용해 간단히 처리할 수 있다. 보험사에 따라 보장받을 수 있는 금액이나 보장 한도에 차이가 있으니 나에게 맞는 보험을 꼼꼼하게 따져보는 것이 좋다.

사고 발생 시 대처법

귀국 후 보험금을 청구할 때 반드시 제출해야 하는 서류는 다음과 같다.

해외 병원을 이용했을 시
진단서, 치료비 명세서 및 영수증, 처방전 및 약제비 영수증, 진료 차트 사본 등을 챙겨두자.

도난 사고 발생 시
가까운 경찰서에 가서 신고를 하고 분실 확인 증명서(Police Report)를 받아 둔다. 부주의에 의한 분실은 보상이 되지 않으므로, 해당 내용을 '도난(stolen)' 항목에 작성해야 보험금을 청구할 수 있다.

항공기 지연 시
식사비, 숙박비, 교통비와 같은 추가 비용이 보장되는 보험에 가입한 경우에는 사용한 경비의 영수증을 함께 제출해야 한다.

공항 가는 길

여행의 관문, 인천국제공항으로 떠난다. 탑승할 항공편에 따라 목적지는 제1여객터미널과 제2여객터미널로 나뉜다. 두 터미널 간 거리가 상당하므로(자동차로 20여 분 소요) 출발 전 어떤 항공사와 터미널을 이용하는지 반드시 체크해야 한다.

터미널 찾기
제1여객터미널(T1) 아시아나항공, 제주항공, 진에어, 티웨이항공, 이스타항공, 기타 외항사 취항)
제2여객터미널(T2) 대한항공, 델타항공, 에어프랑스, KLM네덜란드항공, 아에로멕시코, 알이탈리아, 중화항공, 가루다항공, 샤먼항공, 체코항공, 아에로플로트 등 취항)

자동차를 이용하는 경우
귀국 후 다시 자동차를 이용할 예정이라면, 인천국제공항 장기주차장을 이용해도 좋다. 소형차 1일 9,000원, 대형차 1일 1만 2,000원이며 자세한 내용은 홈페이지를 통해 확인할 수 있다.
영종대교 방면
공항 입구 분기점에서 해당 터미널로 이동
인천대교 방면
공항신도시 분기점에서 해당 터미널로 이동
인천공항공사 www.airport.kr

공항리무진(서울·경기 지방버스)을 이용하는 경우
공항 도착
출발지 → 제1여객터미널 → 제2여객터미널
공항 출발
제2여객터미널 → 제1여객터미널 → 도착지
공항리무진 www.airportlimousine.co.kr

공항철도를 이용하는 경우
노선 서울역 → 공덕 → 홍대입구 → 디지털미디어시티 → 김포공항 → 계양 → 검암 → 청라 국제도시 → 영종 → 운서 → 공항화물청사 → 인천공항 1터미널 → 인천공항 2터미널
운영 일반열차 첫차 05:23, 막차 23:32(직통열차 첫차 05:20, 막차 22:40) **공항철도 홈페이지** www.arex.or.kr

무료 순환버스(터미널 간 이동)
제1터미널 → 제2터미널 15분 소요(15km) 제1터미널 3층 8번 출구에서 탑승(배차 간격 5분)
제2터미널 → 제1터미널 18분 소요(18km) 제2터미널 3층 4,5번 출구에서 탑승(배차 간격 5분)
인천공항공사 www.airport.kr

> **Tip** 도심공항터미널에서 수속하기
> 서울역, 삼성동, 광명역에 위치한 도심공항터미널을 이용해 미리 탑승수속, 수화물 위탁, 출국심사에 이르는 과정을 마칠 수 있다. 다만 항공편이나 항공사 사정에 따라 이용 불가한 경우도 있으므로 사전에 홈페이지를 통해 상세 정보를 확인해야 한다.
>
> **서울역**
> **탑승수속** 05:20~19:00(대한항공은 3시간 20분 전 수속 마감) | **출국심사** 07:00~19:00
> **입주 항공사** 대한항공, 아시아나항공, 제주항공 이스타항공, 티웨이항공, 진에어
> **공항철도 홈페이지** www.arex.or.kr
>
> **삼성동**
> **탑승수속** 05:20~18:30(항공기 출발 3시간 20분 전 수속 마감) | **출국심사** 05:30~18:30
> **입주 항공사** 대한항공, 아시아나항공, 제주항공, 타이항공, 카타르항공, 싱가포르항공, 에어캐나다, 유나이티드항공, 에어프랑스, 중국동방항공, 상해항공, 중국남방항공, 델타항공, KLM네덜란드항공, 이스타항공 진에어
> **한국도심공항 홈페이지** www.calt.co.kr
>
> **광명역**
> **탑승수속** 06:30~19:00(대한항공은 3시간 20분 전 수속 마감) | **출국심사** 07:00~19:00
> **입주 항공사** 대한항공, 아시아나항공, 제주항공, 티웨이항공, 에어서울, 진에어, 이스타항공
> **광명역 도심공항터미널 홈페이지** www.letskorail.com/ebizcom/cs/guide/terminal/terminal01.do

탑승 수속 & 출국

1 탑승 수속

공항에 도착했다면 탑승 수속(Check-in)을 시작해야 한다. 항공사 카운터에 직접 찾아가 체크인하는 것이 가장 일반적이지만, 무인단말기(키오스크)를 통해 미리 체크인을 한 뒤 셀프 체크인 전용 카운터를 이용해 수하물만 부쳐도 무방하다. 좌석을 직접 지정하고 싶다면 웹사이트나 모바일 애플리케이션을 이용해 미리 온라인 체크인을 해도 좋다(항공사마다 환경이 서로 다를 수 있다).

수하물 부치기

항공사 규정(부피, 무게 규정이 항공사마다 상이하다)에 따라 수하물을 부친다. 이때 위탁할 대형 캐리어는 부치고, 기내에서 소지할 보조가방은 챙겨 나온다. 위탁 수하물과 기내 수하물은 물품의 반입 가능 여부가 까다로우므로 아래 체크 리스트를 미리 꼼꼼히 살펴야겠다. 수하물을 부칠 때 받는 수하물표(배기지 클레임 태그 Baggage Claim Tag)는 짐을 찾을 때까지 보관해야 한다.

반입 제한 물품

기내 반입 금지 물품 인화성 물질, 창과 도검류 (칼, 가위, 기타 공구, 칼 모양 장난감 포함), 100㎖ 이상의 액체, 젤, 스프레이, 기타 화장품 등 끝이 뾰족한 무기 및 날카로운 물체, 둔기, 소화기류, 권총류, 무기류, 화학물질과 인화성 물질, 총포·도검·화약류 등 단속법에 의한 금지 물품
위탁 금지 수하물 보조배터리를 비롯한 각종 배터리, 가연성 물질, 인화성 물질, 유가증권, 귀금속 등(따라서 배터리, 귀금속, 현금 등 긴요한 물품은 기내 수하물로 반입하면 된다)

2 환전/로밍

환전

여행 중에는 소액이라도 현지 화폐를 비상금 명목으로 지니고 있는 것이 좋다. 따라서 환전은 여행 전 반드시 준비해야 하는 과정이다. 주요 통화가 쓰이는 경우는 물론, 현지에서 환전해야 하는 경우에도 미리 달러화를 준비해야 하기 때문이다. 환전은 시내 은행, 인천국제공항 내 은행 영업소, 온라인 뱅킹과 모바일 앱을 통해 처리할 수 있다. 자세한 방법은 p.30을 참고한다.

로밍

국내 통신사 자동 로밍을 이용하면 자신의 휴대 전화 번호를 그대로 해외에서 사용할 수 있다. 경

우에 따라서는 현지 선불 유심을 구입하거나, 포켓 와이파이를 대여하는 것이 보다 합리적이다.

3 출국 수속

보딩패스와 여권을 확인 받았다면 이제 출국장으로 들어선다. 만약 도심공항터미널에서 출국 심사를 마쳤다면 전용 게이트를 통해 들어가면 된다(외교관, 장애인, 휠체어이용자, 경제인카드 소지자들도 별도의 심사대를 통해 출입국 심사를 받을 수 있다).

보안검색

모든 액체, 젤류는 100㎖ 이하로 1인당 1L이하의 지퍼락 비닐봉투 1개만 기내 반입이 허용된다. 투명 지퍼락의 크기는 가로·세로 20cm로 제한되며 보안 검색 전에 다른 짐과 분리하여 검색요원에게 제시해야한다. 시내 면세점에서 구입한 제품의 경우 면세점에서 제공받은 투명 봉인봉투 또는 국제표준방식으로 제조된 훼손 탐지 가능봉투로 봉인된 경우 반입이 가능하다. 비행 중 이용할 영유아 음식류나 의사의 처방전이 있는 모든 의약품의 경우도 반입이 가능하다.

출국 심사

검색대를 통과하면 출국 심사대에 닿는다. 심사관에게 여권과 보딩 패스를 제시하고 허가를 받으면 출국장으로 진입할 수 있는데, 이때 19세 이상 국민은 사전등록 절차 없이 자동출입국 심사대를 이용할 수 있다(만 7세~만 18세 미성년자의 경우 부모 동의 및 가족관계 확인 서류 제출). 개명이나 생년월일 변경 등의 인적 사항이 변경된 경우, 주민등록증 발급 후 30년이 경과된 국민의 경우 법무부 자동출입국심사 등록센터를 통해 사전등록 후 이용 가능하다.

면세 구역 통과 및 탑승

면세 구역에서 구입한 물품 중 귀중품 및 고가의 물품, 수출 신고가 된 물품, 1만USD를 초과하는 외화 또는 원화, 내국세 환급대상(Tax Refund) 물품의 경우 세관 신고가 필수다. 탑승을 하기 위해서는 출발 40분 전까지 보딩 패스에 적힌 탑승구(Gate)에 도착해 대기해야 한다. 제1여객터미널의 경우 여객터미널(1~50번)과 탑승동(101~132번)으로 탑승 게이트가 나뉘어 있다. 탑승동으로 가기 위해서는 셔틀 트레인을 이용해야 하므로 시간을 넉넉히 잡아야 한다. 제2여객터미널은 3층 출국장에 230~270번 게이트가 위치해 있다.

> **Tip 공항 내 주요 시설**
>
> **긴급여권발급 영사민원서비스**
> 여권의 자체 결함(신원정보지 이탈 및 재봉선 분리 등) 또는 여권사무기관의 행정착오로 여권이 잘못 발급된 사실을 출국이 임박한 때에 발견하여 여권 재발급이 필요한 경우 단수여권을 발급받을 수 있다. 단, 여권발급신청서, 신분증(주민등록증, 유효한 운전면허증, 유효한 여권), 여권용 사진 2매, 최근 여권, 신청사유서, 당일 항공권, 긴급성 증빙서류(출장명령서, 초청장, 계약서, 의사 소견서, 진단서 등) 등 제출 요건을 갖춰야 한다.
> **위치** [제1여객터미널] 3층 출국장 F카운터, [제2여객터미널] 2층 중앙홀 정부종합행정센터
> **전화** 032-740-2777~8 **운영시간** 09:00~18:00 (토, 일 근무, 법정공휴일은 휴무)
>
> **인하대학교병원 공항의료센터**
> **위치** [제1여객터미널] 지하 1층 동편, [제2여객터미널] 지하 1층 서편 **전화** 032-743-3119 **운영시간** 08:30~17:30 (토 09:00~15:00, 일요일 휴무)
>
> **유실물센터**
> T1 **위치** 지하 1층 서편 **전화** 032-741-3110 **운영시간** 07:00~22:00
> T2 **위치** 2층 정부종합행정센터 **전화** 032-741-8988 **운영시간** 07:00~22:00
>
> **수화물보관/택배서비스**
> CJ대한통운 **위치** T1 3층 B체크인 카운터 부근 **전화** 032-743-5306
> 한진택배 **위치** T1 3층 N체크인 카운터 부근 **전화** 032-743-5800
> 한진택배 **위치** T2 3층 H체크인 카운터 부근 **전화** 032-743-5835

위급상황 대처법

1 공항에서 수하물을 분실했을 때

공항 내에서 수하물에 대한 책임 및 배상은 해당 항공사에 있기 때문에, 수하물 분실 시 공항 내 해당 항공사를 찾아가야 한다. 화물인수증(Claim Tag)을 제시한 후 분실신고서를 작성하면 된다. 단, 공항 밖에서 수하물을 분실한 경우는 항공사에 책임이 없으므로, 현지 경찰에 신고해야 한다. 물건 분실 및 도난이 발생했을 때를 참조한다.

2 물건 분실 및 도난이 발생했을 때

분실 신고 시 신분 확인이 필수이므로, 여권을 지참해야 한다. 여행 전 가입해 둔 여행자보험을 통해 보상을 받기 위해서는 현지 경찰서에서 작성해 주는 분실 확인 증명서(Police Report)을 꼭 챙겨야 한다. 현지어가 원활하지 못해 의사소통이 힘든 경우엔 외교부 영사콜센터의 통역 서비스를 이용하면 편리하다(영어, 중국어, 일본어, 베트남어, 프랑스어, 러시아어, 스페인어 등 7개 국어 지원).

여권 분실

현지 경찰서에서 분실 확인 증명서(Police Report)을 받은 후, 대한민국 대사관 또는 총영사관으로 가서 분실 신고를 한다. 여권 재발급(귀국 날짜가 여유 있는 경우 발급에 1~2주 소요) 또는 여행 증명서(귀국일이 얼마 남지 않은 경우 바로 발급 가능)를 받으면 된다. 주로 바로 발급되는 여행 증명서를 신청한다.

신용카드 및 현금 분실(또는 도난)

특히 해외에서 신용카드 분실 시 위·변조 위험이 높으므로, 가장 먼저 해당 카드사에 전화하여 카드를 정지시키고 분실 신고를 해야 한다. 혹여 부정적으로 카드가 사용된 것이 확인될 경우, 현지 경찰서에서 분실 확인 증명서(Police Report)을 받아 귀국 후 카드사에 제출해야 한다. 해외 여행 시 잠시 한도를 낮춰 두거나 결제 알림 문자서비스를 이용하는 것도 예방 방법 중 하나다. 급하게 현금이 필요한 상황이라면, 외교부의 신속해외송금제도를 이용해보자. 국내에 있는 사람이 외교부 계좌로 돈을 입금하면 현지 대사관 또는 총영사관을 통해 현지 화폐로 전달하는 제도다. 1회에 한하며, 미화 기준 $3,000 이하만 가능하다.

홈페이지 외교부 신속해외송금제도 www.0404.go.kr/callcenter/overseas_remittance.jsp

휴대폰 분실

해당 통신사별 고객센터로 전화하여 분실 신고를 한다.

전화 SKT +82-2-6343-9000, KT +82-2-2190-0901, LGU+ +82-2-3416-7010

갑작스러운 부상 또는 여행 중 아플 때

현지 병원에서 진료를 받게 되면 국내 건강 보험이 적용되지 않아 상당 금액의 진료비가 청구된다. 이런 경우를 대비해 반드시 여행자보험을 가입하고 여행을 떠나는 것이 좋다.

긴급 연락처

긴급 전화 110

대한민국 영사콜센터
해외에서 위급한 상황에 처했을 경우 도움을 주기 위해 대한민국 정부에서 운영하는 24시간 전화 상담 서비스. 연중무휴로 운영된다.

전화 [국내 발신] 02-3210-0404, [해외 발신] 자동 로밍 시 +82-2-3210-0404, 유선전화 또는 로밍이 되지 않은 전화일 경우 현지국제전화코드 + 800-2100-0404 / + 800-2100-1304(무료), 현지국제전화 코드 + 82-2-3210-0404(유료)

말레이시아 주재 한국 대사관
주소 No.9&11, Jalan Nipah Off Jalan Ampang 55000, KLTEL [평일] 03-4251-4904(영사과), 03-4251-2336(대사관), 긴급 연락(사건사고) 017-623-8343, (영사민원) 016-381-9940/ 014-388-1599/ 016-262-1377 **운영** 월~금, 08:30-17:00(12:00-13:30 점심시간) **홈페이지** www.mys.mofa.go.kr

Index

볼거리

가야 섬	63
가야 스트리트	68
과일 시장과 건어물 시장	57
네이처 트레일 워크	81
딴중 아루 비치	74
라플레시아	82
마누칸 섬	62
마리 마리 컬처 빌리지	78
마무틱 섬	63
만타나니 섬	64
반딧불이 투어	77
보타니컬 가든 투어	81
북보르네오 기차 투어	83
사바 박물관	76
사바 파운데이션 빌딩	75
사피 섬	61
선데이 마켓	69
센트럴 마켓	57
스노클링	65
시그널 힐 전망대	71
시티 모스크	75
야시장	58
오스트레일리아 플레이스	71
워터프런트	54
웻 마켓	56
제셀톤 포인트	60
캘리 베이 투어	79
키나발루 국립공원	80
키나발루 산	81, 82
키울루 강 래프팅	79
툰구 압둘 라만 해양공원	61
페르다나 공원 음악 분수	74
포링 온천	82
필리핀 마켓 야시장	58
핸디크래프트 마켓	56
헤리티지 빌리지	76

식당

5 스타 하이난 치킨 라이스	70
더 로열 코코넛	100
레스토란 슴뻘랑	93
리틀 이탤리	70, 88
마이 야이 타이 오키드	90
멀티 베이크	101
멜라니안 3	70, 92
보르네오 프라이드 치킨	89
부가	91
부아 부안 용	100
빅 애플 도넛 앤 커피	99
셍 힝	93
스리 말라카	85
스리 슬레라 깜풍 아이르	85
신키 바쿠테	70
엘 센트로	70, 107
옥토버 커피 하우스	98
올드 타운 화이트 커피	70, 95
요요 카페	99
우!	97
웰컴 시푸드	84
유 키 바쿠테	70, 87
유잇 청	70, 96
이 풍	70, 86
칠리 바닐라	70, 89
카야 토스트	94
킹 후	87
토스카니	91
팟 키	70, 86
페낭 로드 페이머스 테오추 첸돌	101
페퍼민트	70, 88
푹 옌	70, 96

풍 입 카페	70

쇼핑

서베이 하이퍼마켓	105
수리아 사바	103
시티 그로서	103
에버라이즈 슈퍼마켓	102
와리산 스퀘어	104
위스마 메르데카	104
이마고 몰	102
KK 플라자	105

즐길 거리

스카이 블루 바	106
어퍼스타	107
엘 센트로	70, 107
자스민	108
클럽 바	106
하코드 오아시스 스파	108

숙소

가야 아일랜드 리조트	117
골드카드	116
드림텔	121
르 메르디앙 코타키나발루	119
마리 하우스	123
마사다 백패커	122
비앤비 앳21	122
샹그릴라 라사 리아 리조트	112
샹그릴라 탄중 아루 리조트	110
수트라하버 리조트	114
올리비아 하우스	123
제셀톤 호텔	120
하얏트 리젠시	119
호텔 식스티3	120
호텔 캐피탈	121

Memo

Memo

Memo

Best friends 베스트 프렌즈 시리즈 3

베스트 프렌즈
코타키나발루

발행일 | 초판 1쇄 2019년 11월 5일
　　　　　초판 2쇄 2019년 12월 27일

지은이 | 김준현

발행인 | 이상언
제작총괄 | 이정아
편집장 | 손혜린
책임편집 | 문주미
표지 디자인 | ALL designgroup
내지 디자인 | 김미연, 변바희, 양재연, 정원경
지도 디자인 | 글터
표지 사진 | ⓒShutterstock

발행처 | 중앙일보플러스(주)
주소 | (04517) 서울시 중구 통일로 86 바비엥3 4층
등록 | 2008년 1월 25일 제2014-000178호
판매 | 1588-0950
제작 | (02) 6416-3981
홈페이지 | www.joongangbooks.co.kr
네이버 포스트 | post.naver.com/joongangbooks

ⓒ김준현, 2019

ISBN 978-89-278-1056-8 14980
ISBN 978-89-278-1051-3(세트)

• 이 책은 저작권법에 따라 보호받는 저작물이므로 무단 전재와 무단 복제를 금하며
　책 내용의 전부 또는 일부를 이용하려면 반드시 저작권자와 중앙일보플러스(주)의 서면 동의를 받아야 합니다.
• 책값은 뒤표지에 있습니다.
• 잘못된 책은 구입처에서 바꿔 드립니다.

중앙북스는 중앙일보플러스(주)의 단행본 출판 브랜드입니다.